中国经济新征程

结构改革与长期增长潜力

李　伟◎著

ZHEJIANG UNIVERSITY PRESS
浙江大学出版社

序一 | PREFACE

李伟教授是一个典型的“海归”。他 1987 年赴美国，在密歇根大学经济系就读博士学位；1994 年毕业后去杜克大学商学院任教；2011 年正式放弃了海外教职，加盟了长江商学院，并一直任职终身教授至今。《中国经济新征程：结构改革与长期增长潜力》是李伟教授出版的第一本文集。

我与李伟教授素昧平生，但是对李伟教授有所耳闻，知道他在长江商学院口碑不错。更重要的是，我知道自 2011 年 9 月开始，在李伟教授领导下，长江商学院开展了一项名为“长江商学院中国企业经营状况指数”的调查项目。该调查项目每月开展一次，其具体程序是在长江商学院的学员中分发问卷，调查企业家对企业未来半年经营状况的预期。

我本人的研究领域主要为宏观经济，对微观层面的问题(特别是企业问题)所知甚少。唯其如此，我对 BCI 抱有很大的好奇心。宏观经济理论必须有其微观基础，由于种种原因所致，由微观变量加总出来的宏观变量的行为同微观变量可能存在很大差异，但宏观变量的行为同微观变量的行为应该是一致，即便出现不一致之处，也应该能够根据微观变量的分布特性,对这种不一致性给出合乎逻辑的解释。在更多的情况下,宏观变量(如消费需求)只不过是把代表性居民的消费需求乘以N而已。尽管这种利用代表性居民或企业简单加总的处理方法失之过简,但在大多数情况下,通过观察代表性居民或企业的行为是可以推出正确的宏观经济结论,或者至少可以用代表性居民或企业的行为来检验已经推出的宏观经济变量的行为是否正确。尽管对李伟教授讨论的许多问题是门外汉,但出于对李伟教授利用企业层面数据研究宏观经济问题的好奇,我还是贸然答应了为李伟教授的文集作序。只有这样才能先睹为快嘛!

《中国经济新征程》是李伟教授近几年来对中国经济中一系列问题思考的成果。这些问题包括中国经济在改革开放后高速增长的原因分析、中国的潜在经济增长速度、避免中等收入陷阱、刘易斯拐点和城市化等中长期问题,也包括对股市动荡、债务危机、房地产调控、公司融资、非金融公司债务、货币政策、金融抑制与金融自由化、公司控制权市场等一系列热点问题的讨论。

由于知识水平的限制,我不可能对李伟教授涉猎的所有问题做出评价。我只能说,对李伟教授在本文集中所表达的大部分观点我都是同意的。例如,在对中国经济增长潜力的问题的讨论中,李伟教授指出,北京大学的林毅夫教授曾有一个著名的论断,即从2008年开始算,中国仍有20年平均8%的增长潜力。这是一个有争议的论断。争议的焦点有两个:一是持续增长的时间,20年;二是年化平均增长率数字,8%。李伟教授对这两个具体数字持保留意见。这里要说明,保留意见并不代表李伟教授认为林教授过于乐观,而是说李伟教授对这样具体的数据没有准确的、基于实证分析的推论,最后的发展结果既有可能低于林教授的预期,也有可能高于其预期。不过有一点是确定的,就是李伟教授也赞同中国经济仍有巨大的潜力可挖,因为对中国经济来说,其仍有大量"低垂的果实"可摘。只要摆脱人为设置的制度性障碍,那么中国经济的发展潜力就会马上转化为现实。我以为,这是一个十分公允的观点。

李伟教授在文集中有不少地方涉及企业债务,即对企业杠杆率不断攀升的讨论。笔者在20世纪90年代末和最近几年对这个问题进行过一些研究,愿意在此对李伟教授的观点做比较翔实的讨论。李伟教授认为,产能过剩同企业债务分别是中国实体经济在资产端和负债端相对应的一对问题。产能过剩行业中存在大量低效的企业,低效企业无法通过经营活动所产生的利润来偿债,在竞争较为充分的市场经济中,这样的企业本来应退出。但在中国,这些企业得以继续存在,例如地方政府往往会出于就业的考虑而帮助低效企业继续运转。这些企业的生存必须仰赖于外部资金的输入,于是债务增长就必不可免了。

除了债务总额的问题,债务结构所带来的风险也不可忽视。一般来说,债务结构风险主要是两类:一类是期限错配,另一类是货币错配。期限错配指的是在企业的资产负债表上,资产是长期的,而负债是短期的,这也叫作短融长投;货币错配指的是在企业的资产负债表上,资产是本币,负债是外币。在中国,这两种风险都存在,而且还在日益扩大。李伟教授的结论是,债务在未来必须是中国经济重点关注的问题,假如不能遏制债务规模和结构的进一步恶化,那么中国经济将面临很大的风险,这种风险之大也许会超过我们的想象。李伟教授的这些看法无疑是正确的。

关于企业债务问题的解决办法,李伟教授介绍了一些外国投行和国际货币基金组织的建议。渣打银行的解决办法包括:(1)处置或高达GDP比重10%的不良贷款;(2)关闭僵尸企业;(3)对国企实施预算硬约束(当企业资不抵债的时候需要破产);(4)改进银行贷款审批标准,推进股市、债市纵深发展;(5)调整宏观政策组合,转向较低信贷增长和较高预算赤字。实现这些措施的代价是,2021—2025年间的平均GDP增长可能小幅下降至6.2%。

国际货币基金组织开出的药方有三点。(1)迅速采取有效行动,否则今天的企业债务问题可能会成为明日的系统性债务问题。(2)确保同时清理债权人和债务人的问题。换言之,要双管齐下,同时治理银行和企业。这意味着不仅要将不良贷款从银行资产负债表上移除,对银行进行资本重组,而且要重组有问题的企业,不能允许企业依旧大面积亏损。(3)在修复企业和银行的资产负债表时,解决企业和银行部门最初催生危机的体制和企业治理问题。

解决企业债务问题,首先要搞清楚企业杠杆率不断攀升的原因。企业杠杆率有两种不同的衡量方法:企业债务对企业资本金之比和企业债务对GDP之比。两种不同尺度关注的重点有所不同,大多数宏观经济学家在讨论企业杠杆率时一般使用后一衡量尺度。李伟教授认为,产能过剩行业中存在大量低效的企业。低效企业无法通过经营活动所产生的利润来偿债……这些企业的生存必须仰赖于外部资金的输入,于是债务增长就必不可免了。这种观点并无不妥,但我以为中国企业债务对GDP之比的不断攀升有更为复杂的原因。

在探讨这些原因之前,我们似乎需要对企业杠杆率攀升的供给方原因和需求方原因加以区分。首先,我们要问:在不存在需求不足的情况下,企业会不会负债?企业杠杆率会不会不断攀升?为简单计,我们假设经济中只存在居民部门和企业部门,不存在外部经济部门、股票市场和需求不足的情况。显然,在企业部门的投资大于企业部门利润、居民部门的收入大于消费的情况下,企业会向居民部门借债,而居民部门也会愿意通过银行或债券市场把钱借给企业部门。此时,尽管不存在需求不足的问题(工资＋利润＝收入＝支出＝投资＋消费),也会形成企业债务。我们可以首先讨论在不存在有效需求不足的情况下,企业杠杆率上升的动态路径。根据我们的研究,从宏观角度来看,影响企业债务对 GDP 比的要素主要包括:资本产出比、企业息税前利润率、股权融资规模占 GDP 比、经济增长率以及企业债务实际利息率。

结合不同经济增长率和企业债务利息率假设,我们在综合考虑上述因素变化趋势的基础上来分析未来中国企业债务对 GDP 比例的变化。研究结果显示,如果中国企业的投资效率(资本—产出率)和利润率继续下降,企业直接融资对融资比例、银行利息率和通货膨胀率依然保持目前的水平,在中国经济维持 7%左右增长目标的情况下,中国企业债务对 GDP 的比例在 2020 年将超过 200%,届时企业收入的 40%以上都要用来支付利息。不仅如此,如果上述变量的变动趋势不发生变化,那么中国企业债务对 GDP 的比例还会继续上升,在 2025 年前就会超过 250%。显然,如此之高的杠杆率是任何企业都不能承受的。换言之,如果中国企业的债务上升趋势不能尽快得到扭转,在不久的将来,企业就会大量违约,银行不良债务就会飙升,中国就会陷入一场严重的企业债务危机。

为了避免企业债务危机的发生,中国必须提高资本使用效率、企业利润率,降低利息率,提高直接融资比例,并适当降低经济增长目标。这个过程中也需要注意适当提高通货膨胀率,以便降低企业的实际债务负担。

上述中国企业杠杆率动态路径并未考虑有效需求不足的情况。在需求不足的情况下,基于供给面的企业杠杆率动态路径会发生什么变化呢?今年的潜在经济增长速度应是以往投资形成的资本存量决定的。假设今年由于消费需求不足而出现产能过剩,如果依然按照以往的经济增长速度目标决定今年的投资,下一年的产能过剩问题就将变得更为严重。因此,存在三种可能的政策选择:(1)刺激投资需求;(2)降低未来的经济增速目标,相应减少今年的投资;(3)刺激消费需求。传统上,中国往往采用第一种方法应对需求不足,即"通过盖更多的钢厂来吸收钢铁产能的过剩"。这显然是一种饮鸩止渴的方法。最近几年,中国政府采取了鼓励基础设施投资的办法。在无法有效刺激消费需求的情况下,这种选择虽然存在一系列问题,但也不失为一种解决需求不足问题的办法。基础设施投资(包括对公共服务的投资,例如教育和医疗等)一方面可以增加当期有效需求,另一方面可以尽量减轻未来产能过剩的压力。第二种方法从长期来看可以解决产能过剩的问题,但其负作用是恶化当期的产能过剩,并导致潜在经济增长速度下降。一旦形成通货紧缩的恶性循环,经济还可能硬着陆。第三种方法应该是最佳选择,但消费需求在很大程度上是内生的,没有必要的配套改革措施,这一方法很难成功。不难看出,在需求不足、产能过剩的情况下,选择(1)将导致企业债务的增加和杠杆率的上升(更多的投资对应不变的经济增长速度);选择(2)可以使当期企业债务下降,但由于经济增长速度的下滑,企业的杠杆率可能不降反升;选择(3)不会导致企业债务进一步增加,也不会进一步提高企业的杠杆率。因而,在需求不足的情况下,降低企业杠杆率所必须采取的政策依然是提高资本使用效率和企业利润率、降低实际利息率(如名义利息率不变则需提高通货膨胀率)、提高直接融资比例。需求不足导致的经济增长速度的下降可能意味着杠杆率中分母的下降速度将高于分子的下降速度。因而,在需求不足的情况下减少投资,固然可以减少企业债务,但可能使企业杠杆率不降反升。

以上分析说明,渣打银行和国际货币基金组织对中国企业债务的分析和它们提出的解决办法虽然并没有什么错误,但过于一般化、缺乏完整性,没有看到去杠杆政策导致杠杆率上升的可能性。

李伟教授对诸如企业债务之类的热点问题的讨论是十分有益、富有启发性的。我在这里只是提出一些疑问,希望李伟教授可以对这些问题的讨论做进一步的展开,从而能够提出更具体、更具有操作性的政策建议。

李伟教授讨论宏观经济问题时的一个重要优势就是长江商学院中国企业经营状况指数。事实上,在文集中的不少地方李伟教授引用了该指数提供的信息。例如,李伟教授援引企业投资前瞻指数和企业招工前瞻指数,说明尽管中国企业目前正面临种种困难,譬如成本上升、库存增加或融资困难,但它们依然在投资和招工。增加投资意味着企业家对未来看好,招工则表明经济增速放缓并未带来就业的大问题,因此,认为中国经济增速下滑将全面危及就业的说法,还缺乏证据。用数据说话,比什么理论都更能令人信服。然而,李伟教授在本文集中并没有更多地利用这套指数。在许多问题的讨论中,我一直期待李伟教授会通过这些指数支持自己的观点,或通过对这些指数的分析提出自己的论题。坦白地说,在这个问题上我多少有些失望。

最后,我想特别指出,一个从校门到校门的海归学者,在承担繁忙的教学任务之余,理论联系实际,积极参加热点问题的讨论,并提出了不少具有真知灼见的建议,是十分难能可贵的。在 SSCI 期刊上发表论文重要,但为中国的改革开放、为实现中国经济的可持续增长献计献策同样重要。祝贺李伟教授第一本文集的出版!

中国社会科学院学部委员

余永定

2017 年 6 月 19 日

序二|PREFACE

因专业关系，我与本书作者相识多年，但以往见面所谈话题多是围绕中国经济走势及问题，很少谈及个人经历。当我看到作者在本书自序中谈及他的丰富经历时，顿感十分震撼！

作者的求学治学经历，坎坷曲折，丰富多彩，简直就是我们这一代知识分子的一个缩影。这不仅体现了作者个人坚韧不拔、顽强拼搏的奋斗精神，还展现了中国改革开放大好环境下的勃勃生机，更展示了作者回报祖国、反哺改革的坚定信念，实在令人感慨不已。

当然，本书不是作者的自传记事，而是作者多年来对中国经济问题研究成果的集大成之作，所以精彩之处还在于作者对中国经济问题的各种精辟分析。本书所涉猎范围甚广，既有宏观视野，又有微观视角；既有理论分析，又有案例剖析；既深入探讨国内各种问题，又旁征博引国外经验教训，并将所有这些问题聚焦于“结构改革与长期增长潜力”这一特定话题之上，难度之大，可想而知。

作者在本书的第一章探讨了“隐忧下的中国经济”，一方面展现出作者忧国忧民的爱国情怀；另一方面又体现了作者客观深入的理性分析。实事求是,深入浅出,令人印象深刻。正如作者所指出的,中国经济虽然短期企稳,但是面临着长期挑战。

作者在第二章"寻找中国经济发展的'圣杯'"中,从多个角度分析了中国经济面临的重大问题和长期挑战,从如何跨越中等收入陷阱,到如何克服"未富先贵",从国内实践到国外经验,所提问题皆为中国经济发展之要害,说明作者对中国经济发展的实际情况有着深刻的了解和洞察,又体现了作者长期积累的深厚学术功底。

第三章讲的是"新时代的改革闯关",提出对"结构改革需要拨乱反正",一针见血地指出了当前国内对"结构改革"存在的种种误解,可谓正中时弊。进而,作者还明确提出"结构改革应处于优先地位",实在是苦口良药,一语中的!对此,本人深表赞同!

作者在第四章"中国企业的困境与出路"中提出要"改变企业的做大情结",这一提法正好与本人最近正在思考的一个问题不谋而合。最近一个时期,本人一直在探讨恐龙究竟为何突然灭绝?为何在同样的气候变化条件下,恐龙全部灭绝了,而哺乳类动物却异军突起,不仅能够幸存下来,而且迅速活跃在地球的各个角落。从经济学的角度来看,恐怕是由于恐龙的饭量太大,体形笨重,而能量转换效率又低,所以当食物大面积减少时,恐龙就不得不"走出去"到处掠夺食物,其结果必然是相互之间发生激烈争斗,最终大家同归于尽。相反,哺乳类动物由于饭量较小,能量转换效率较高,甚至还能够"偷食恐龙蛋",其结果必然是快速崛起。再往后,灵长类动物更是依靠智慧的不断创新最终称霸世界……由此引发我们深入思考的问题是,目前我国拥有"做大情结"的各类企业,是不是也会面临同样的问题?

总而言之,作者在本书中的许多观点本人都十分赞同。当然,这并不等于说作者的所有观点本人都完全赞同。但是，在互联网时代、在全球化时代，人们最需要的就是加强交流，相互包容，求同存异，共同发展。希望此书能够给广大读者带来新的视角、新的观点、新的形势判断和新的精神享受。

国务院发展研究中心宏观经济研究部研究员

魏加宁

2017年5月25日

自　序 | PREFACE

研究中国经济是我的专业，但用中文写作通俗性的研究报告还是近年的事情，这本书汇集了我这几年陆续发表的一些中文文章。

在过去近40年，中国经济飞速发展，GDP成为国民耳熟能详的词语。但如果我们将历史拉长，从更为宏观的视角来看，我们能从经济发展中看到民族命运的起落。例如，日本曾经是一个闭关锁国、贫穷落后的国家。1853年，在美国4艘炮舰的威胁下，日本被迫开放国门，开始与外界交流。随后，日本实施明治维新，改革政治和经济体系，其经济不久就开始起飞。根据英国经济学家安格斯·麦迪森(Angus Maddison)的计算，以1990年的美元(购买力平价)为单位[①]，日本在1870年的人均GDP只有英国的23%，而到了1913年，就已相当于英国的28%。

反观当时的中国，其起始点与日本非常相似——在1839年之前，中国也是一个闭关锁国、贫穷落后的国家，鸦片战争后，中国也被迫打开了国门。但此后中国经济毫无进展，相对于工业化的英国甚至发生

① 以下数据来源如无特别说明，均引自此处。

了幅度不小的倒退——中国在1870年的人均GDP为英国的17%,而到了1913年,已降至11%。

再来看改革开放后这近40年的发展。1978年,中国虽然人口众多,但经济实力却有点惨不忍睹,人均GDP仅为978美元,还不到英国的8%。换言之,从相对值上来看,中国经济在65年后进一步倒退。但此后发生的事情让人感觉非常意外,从1978年到2008年,中国的人均GDP高速增长,平均每10年翻一番。到2008年时,中国的人均GDP已相当于英国的28%。

如何解释这个奇迹?

我认为,中国经济在改革开放后的高速发展有三个原因,即放权、让利和对外开放。放权,解散人民公社,实行包产到户,允许私营经济发展,改制国有企业,逐渐放开对非国有企业在许多产业的进入限制;让利,逐步减弱国家对经济的控制,让民间力量获得牟利空间,释放经济活力;对外开放,打开国门,逐渐融入国际贸易和金融体系,引进外资和技术,发展出口产业,积极参与全球竞争。对这些问题思考所得的结论,我在本书中有详细的阐述。

放权、让利和对外开放属于促进经济发展的体制因素,读者可能会问,难道人的因素就不重要吗?事在人为,人是不可或缺的。经济学看重人的因素,其基本假设之一就是:人有进取精神,要追求上进。在好的体制下,人追求自身上进(赚钱、晋级、得奖等)的行为也会在无意之中为他人提供便利、为社会创造价值。也就是说,好的体制能把人从零和游戏中解放出来,建立一个多赢的竞争环境。中国近40年的经济腾飞已经证明,我们曾经国弱民穷不是因为缺乏自然资源,更不是因为人民素质低下。我们现在已经步入中上等收入国家的行列,虽然比上还有不足，但比下已经绰绰有余，认为国人素质低下的逆向歧视(本族人歧视本族人)会越来越少。但是我们还应该认识到，以贫富来评判国民素质是错误的，东亚各国和地区经济的崛起一次又一次地证明，享受高水平、高质量的生活并非欧美人的特权。所以，作为一个曾经备受歧视的民族，我们应该努力去营造一个更加公平的国内和国际环境，我们既要反省逆向歧视，也要反对正向歧视。

此外，我在书中对中国经济的其他一些重要问题阐述了自己的观点，例如利率市场化、城市化和如何提高居民消费占 GDP 的比例，等等。

自 2011 年 9 月开始，我在长江商学院开展了一项名为“长江商学院中国企业经营状况指数”(business conditions index，下称 BCI)的月度调查项目。其具体程序是在长江学员和校友中分发问卷，调查企业家对企业未来半年的经营状况预期，比如我们会问，“贵企业未来 6 个月的销售额与去年同期相比会如何变化”。由于长江商学院绝大部分学员是民营中小企业的经营者，因此问卷最后所显示的结果代表了这些企业家对未来 6 个月的企业经营状况的预期。在目前的经济界中，各类指数层出不穷，可谓百花争艳，但关注民营中小企业经营状况的指数并不多，而长江商学院拥有大量的民营企业家学员，这是一个得天独厚的资源。BCI 调查的对象主要就是民营中小企业，正好与别的指数互为补充。

5 年半的问卷调研打开了一扇了解中国经济的全新窗口，更新了我对中国经济的认识。例如调查显示，样本企业一直承受着成本大幅上涨的压力，但企业很难通过涨价将成本的上涨转嫁给下游企业或消费者。即便如此，我们的民营企业家保持着强劲的进取心，在一个压力重重且经济形势不断变化的环境中，他们一直在投资、一直在招工。这些数据来自扎实的调查统计,乍听起来有悖常识,对此我在书中提出了一个理性化的解释。

总之,我希望通过本书来实现两个目的:第一,我希望抛砖引玉,激发更多学者对研究中国经济问题的兴趣,把这些问题和针对这些问题的各项改革选项研究得更透彻、更充分;第二,我希望这些研究能为决策者和企业家提出一些可行的建设性意见。

研究经济学是我的专业,更是我的兴趣爱好。1987 年,我飞赴美国,前往密歇根大学经济系就读博士学位,30 年似乎一晃而过,我也从一个理工男变成了一个经济学“资深”教授。我出生于湖北襄樊市(现已改名为襄阳市),20 世纪 80 年代初期考入上海交通大学的工程力学专业,本科后直升至上海交通大学管理学院系统工程专业的硕士班。随后,我参加了美国经济学会和福特基金会在中国人民大学举办的经济学教育培训项目(简称福特班)。我的人生因此变轨。在这个项目中,两位来自密歇根大学的经济学教授——罗杰·戈登(Roger Gordon)和米歇尔·怀特(Michelle White),他们也是夫妻——在读过我的课程论文后,认为论文具有发表潜力,因此询问我是否有兴趣前往密歇根大学就读经济学博士学位。面对如此难得的机遇,我毫不犹豫地答应了下来。但随后的曲折令我措手不及。

当时计划经济气息浓厚,出国留学的名目也多,除了公费和自费之分外,还有公派(由国家分配、通过官方渠道申请的留学名额)和自派的区别。公费公派花的是国家的钱,用的是国家分配的留学名额。我拿到了密歇根大学的全额奖学金,因此是自费。但当时我不知道如何办理自派,所以决定申请自费公派,希望能把自己申请到的密歇根大学博士班席位转到教委体系的计划内。在将申请递送教委 3 个多月后,得到的结果却是不予批准，这让我非常焦急。这时有同学提醒我，可以通过退学办自费自派，但需要去找研究生院的盛振邦院长办理退学等相关手续。当时正值夏季，上海湿热，我在傍晚来到盛院长家中。盛院长身着短裤，拿着一把大蒲扇，听到我拿到密歇根大学全额奖学金时，他立即打断我的话，反问道："有这么好的条件为什么不去？"然后嘱咐我明早去他的办公室找他。第二天，我来到盛院长办公室，他已准备好了相关材料，我按照他的嘱咐拿着退学申请书依次去找一个又一个的领导签字。当天下午我来到校长办公室，翁史烈校长和盛院长通过电话后，在我的退学申请上落下最后一个签名，并写下："同意退学，保留学籍 1 年。"我办理了退学手续，户口递回原籍，然后办护照赴美。

在密歇根大学就读期间，以及随后在杜克大学和弗吉尼亚大学任教期间，我都是以研究中国经济为主，每年至少回国一次，参加调研或学术会议。2000 年之后，国内的大学开始改革，逐步提高海归教授的薪资，长江商学院直接给出了与海外大学水平挂钩的薪资制度，为吸引海外学者回国服务提供了越来越优越的收入保障。当时我已从事中国经济研究多年，做的是理论与实证相结合的应用性研究，因此我觉得国内的商学院更适合自身的发展。在经历了多年的访问教授生涯后，我于 2011 年放弃了弗吉尼亚大学达登商学院的终身正教授职位，加盟长江商学院，并一直任职教授至今。

回顾我的求学和研究之路，有很多贵人在关键时刻给予了我巨大的帮助，我在这里列举几个有代表性的，还有很多虽然没有列举，但他们的帮扶我也将铭记终生。

感谢上海交通大学研究生院前院长盛振邦教授和前校长翁史烈教授。在与这两位前辈学者和教育家的短暂接触中，我深深感受到了他们那种爱才、惜才的胸怀。

感谢罗杰·戈登教授和米歇尔·怀特教授。两位不仅是引领我走入经济学大门的启蒙导师,还在我申请全额奖学金的过程中发挥了关键作用。另外,他们的帮助不只在学业方面,在生活上他们也给予了我很多体贴的照料。我出国的那年,外汇管制条例规定因私出国者只能在中国银行兑换不超过50美元的外汇。我刚到美国时身上就仅有这些钱,虽然这笔钱在当时是国内平均月工资的几倍,但它还不够支付从底特律机场到学校的打车费。由于学校的奖学金是月底发放,月初入学后我如何度过第一个月断粮的流动性危机?这两位教授请我在他们家吃住了一个月。戈登教授也是我的主要学术合作者,本书中的论点除了提炼于戈登教授和我合写的论文外,有不少来源于我和他在国内和国外的多次交流讨论。

感谢杜克大学。杜克大学商学院是我的第一个工作单位,他们招聘我为助理教授是冒了风险的。我博士毕业时,中国仍是一个体量较小的经济体,学术界对其关注还很小,学校也不可能为一位教授和寥寥几位有兴趣的同学而开设一门以中国经济为中心的课程。把一个宝贵的教职交给我,就意味着学校必须少招一位研究"主流"经济学的教授。学校招聘我的机会成本高,而我的"非主流"研究成果未来能否在学术顶级期刊上发表也有很大的不确定性。另外,我当时没有教学经验。而商学院是培养MBA的地方,学生入校前普遍都有3年以上的工作经验,给MBA同学上课对于很多有经验的教授都具有一定的挑战性,对于我来说更是一个不小的考验。虽然存在种种困难,但杜克大学仍然冒险邀请我入职。杜克大学敢于用人、有担当,它是一个能为社会培养人才的机构。用英语来表达,我可以说,"Duke University is a good place to be from."

感谢改革开放的总设计师邓小平同志。回想当年，百废待举，邓小平力挽狂澜，拨乱反正，解放思想，排除了重重障碍和禁锢，逐步实施了对外开放和国家经济与政治体制的改革，为未来的经济腾飞打下了坚实的基础。在此基础上，后来几代党和国家领导人继续推动改革开放，为民族复兴事业做出了巨大贡献。对于我们这一代学子来说，邓小平恢复高考，打开国门，为我们学习和研究提供了机会。因为邓小平，我们才能是时代的幸运儿。

感谢家人。博士毕业后，我放弃了一家智库和咨询公司的工作机会，选择去杜克大学，原因之一是为了少出差，多和家人在一起。但因为研究中国经济需要回国调研，结果出差也没少多少。加入长江商学院后，出差就更多了。假如没有妻子和孩子们的支持和理解，我恐怕也没有机会写作这些文章。当然，在留美和居美工作期间，能因公回国出差也是个福利，可以顺道回老家探亲。这一点在我父亲 20 世纪 80 年代末去世后，就显得更为重要了。我们家“出身”不好（爷爷被划为地主），父亲、母亲和姐姐都吃过很多苦，但父母亲还是为姐姐和我提供了他们力所能及的关心和爱护。高考恢复后，姐姐用她月工资的一大半为我买了一整套数理化自学丛书。虽然我从小并没有正儿八经地上学，但有了这套自学丛书，我很快就在初三成为学习尖子。父母的养育之恩、姐姐的手足之情，我终身铭记。

最后，我将此书献给具有强劲进取精神的中国人民，在改革开放的大环境下，是他们创造了中国奇迹。

李 伟

2017 年 6 月 1 日

目　录 | CONTENTS

第一章　隐忧下的中国经济　/ 1

中国经济:短期企稳与长期挑战　/ 3

GDP 增速趋势性下滑　/ 3

“中国奇迹”并不特殊　/ 7

压力之下也有乐观迹象　/ 9

股市大涨,债务危机?　/ 13

多赢的游戏　/ 14

关键在于杠杆　/ 14

降低融券成本　/ 18

一致的乐观:非理性繁荣?　/ 21

万科与保利　/ 22

房地产调控的正反馈特征　/ 27

政策的矛盾与反复　/ 30

打破房地产运行的正反馈机制 / 32
能否皆大欢喜? / 33
"新常态"下的中国经济 / 35
潜在经济增长率下滑 / 35
提高 TFP 增速 / 38

第二章 寻找中国经济发展的"圣杯" / 43
跨越中等收入陷阱 / 45
劳动力供求关系逆转 / 46
泰国和韩国的例子 / 47
中等收入陷阱 / 50
未富先贵 / 53
产能过剩的背后 / 55
哪些刚性成本? / 56
债务难题 / 67
日本教训 / 70
未富先贵 / 72
中国经济发展原动力 / 77
经济发展的三大原因 / 77
破除既得利益集团的阻挠 / 81
辨析刘易斯拐点 / 87
何为刘易斯拐点? / 87
中国真的到达了刘易斯拐点吗? / 88
工资上涨利大于弊 / 90

如何分享城市化的果实？ / 92

新增长理论 / 93

城市发展的人口规律 / 97

改革城市管理政策 / 100

第三章 新时代的改革闯关 / 107

稳健的货币政策意味着什么？ / 109

什么是稳健的货币政策？ / 109

货币投放渠道的演变 / 110

外汇占款之后 / 112

为存款利率放开喝彩 / 117

金融抑制与隐形税收 / 118

金融抑制与地下经济 / 120

金融抑制的后果 / 123

消除金融抑制 / 125

结构改革需要拨乱反正 / 128

股市:慢牛变疯牛 / 128

大众创业,万众创新 / 131

房地产去库存 / 133

从控制经济到拨乱反正 / 135

结构改革不能再拖 / 138

结构改革应处于优先地位 / 140

不要坏的经济增长 / 140

如何看待6.5% / 141

产能过剩与防止踏空 / 143
提高消费,遏制投资 / 145
减弱企业投机心理,推行金融改革 / 150
新时代的改革闯关——试论改革的困难、应对和超越 / 153
债务问题 / 153
要消费,不要 GDP / 156
四个领域的改革 / 159
改革的方向 / 163
改革闯关 / 165

第四章 中国企业的困境与出路 / 169
改变企业的做大情结 / 171
国企的做大情结 / 171
民企的做大情结 / 173
铁本案例 / 175
大而不倒? / 178
路在何方? / 180
公司控制权市场与维护股东利益之辩 / 182
什么是公司控制权市场? / 183
公司控制权市场的正面作用 / 185

| 第一章 |

隐忧下的中国经济

中国经济：短期企稳与长期挑战

从 2011 年 9 月开始，长江商学院案例中心与经济研究中心连续针对在校学员和校友企业进行经营状况调查。截至 2017 年 2 月，我们已 58 次发布了中国企业经营状况指数（BCI），以反映这些具有代表性的企业对宏观经济和公司经营的月度预期。[①]

最新一期的 BCI 是 2017 年 2 月的数据，与 2017 年 1 月的 59.8 相比，BCI 在 2 月升至 61.5。假如把时间跨度拉长至 2014 年 1 月，则我们可以清晰地看到 BCI 在此期间出现过数次明显的低位（图 1.1）。自 2016 年 8 月以来，BCI 曲折上升，目前保持在 60 左右。

几年来，我们调查的样本企业，包括 200 家长江商学院在校学员和校友的所属企业，涉及 20 个省、自治区、直辖市，跨越 13 个行业，其中占比最高的是制造业。最新的调查表明，这些企业的高管们对未来的经营环境较为乐观，中国经济短期企稳的态势非常明显。

GDP 增速趋势性下滑

我们发布的 BCI 由四个分指数以算术平均的方式构成，分别为企业销

---

① 本书图片中的数据来自长江商学院的田野调查，是长江商学院的研究人员每月在长江商学院的校友企业中发放关于企业经营预期的问卷。问卷中的问题绝大部分都在询问企业家对未来半年某项经济指标的预期，例如询问样本企业对未来半年的企业用工成本（与去年同期相比）持什么看法。50 是分水岭，50 以上代表增加或更高，50 以下代表下降或更低。

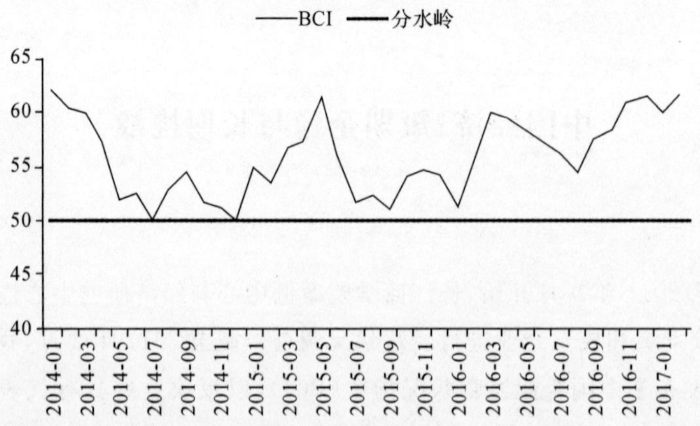

图 1.1　BCI 指数

资料来源:长江商学院案例研究中心与中国经济和可持续发展研究中心。

售前瞻指数、企业利润前瞻指数、企业融资环境指数和企业库存前瞻指数。

数据显示(图 1.2),销售前瞻指数和利润前瞻指数较为强劲,尤其是销售前瞻指数。

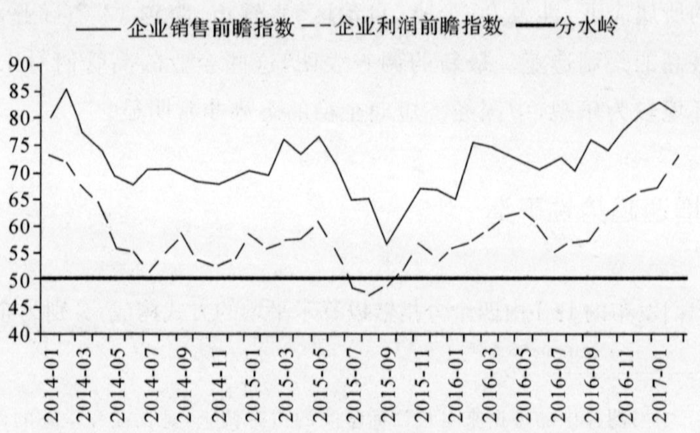

图 1.2　企业销售前瞻指数与企业利润前瞻指数

资料来源:长江商学院案例研究中心与中国经济和可持续发展研究中心。

但融资环境指数和库存前瞻指数依然较为难看(图 1.3)。

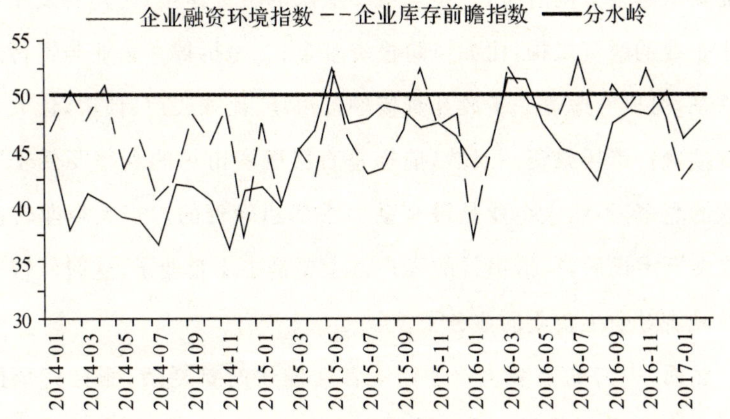

图 1.3　企业融资环境指数与企业库存前瞻指数

资料来源:长江商学院案例研究中心与中国经济和可持续发展研究中心。

由于我们的调查对象主要是民营中小企业,因此从中我们可以看到,这些企业融资难、成本贵的问题一直没有得到解决。虽然近年来中国的金融业态日益多样化,但中国依然是一个以银行为主的间接融资体系。从理性上来说,银行更愿意借钱给几种客户:第一是有抵押品的;第二是有政府背书的;第三是规模大的。抵押品意味着银行的贷款风险可以对冲;政府的背书等于用公共资源来帮助企业融资;规模大的企业一方面自身抗风险的能力较强,另一方面也受到政府和社会各方重视,出了问题比较容易找出路。综合这三点来看,最容易获得廉价资金的主要是两类企业,一是国有企业,二是大型企业,民营大企业也包括在内。但在世界各国,最有活力的通常是中小企业,而且它们也解决了大量的就业。无论从经济效率来说,还是从社会稳定来说,金融业都应该加强对中小企业的支持。

中国的现状是大企业把中小企业挤出了资金市场。要解决这个问题需要从两个方向着手,一是发展多层次的融资体系,尤其要发展适合中小企业的融资机构,比如风险投资基金;二是拆掉大企业与银行之间的联系,可以考虑进一步放开直接融资市场,比如股市、债市,让大企业去直接融资市场融资。当然,前提是直接融资市场的利率要低于银行贷款的利率,不然大企业是没有动力去那边融资的。当大企业转移至直接融资市场后,留给银行的客户就主要是中小企业了,这时候银行就必须发展对中小企业的业务了。

然而,中国的金融改革远比笔者所描述的要复杂,而且其牵扯的范围远大于金融领域,例如僵尸企业(zombie firm)的问题。所谓僵尸企业现象,是指一些无盈利能力的企业没有在正常的市场竞争下退出,而是在政府或银行保护、补贴下继续存活。比如黑龙江省属国有大型煤炭企业集团——黑龙江龙煤矿业控股集团有限责任公司(下称龙煤集团),最近数年连续巨亏,2015 年全年亏损达 46.73 亿元。但为了缓解龙煤集团的流动资金困难,省政府曾在 2014 年给予其 30 亿元补贴。

另据媒体报道,龙煤集团万吨采煤用工高达 48 人,是全国平均水平的 3 倍。换句话说,龙煤集团今天的问题在很大程度上是人浮于事、自身效率低下所致。这样的企业本该尽快退出市场,至少也得大规模减员增效,但出于防止群体性事件发生等方面的考虑,这样大而弱的企业却可以继续存在。大量的资金被类似企业占据,中小企业能借到的钱当然就少了,成本上升也不奇怪。

实际上,从经济学的角度来看,金融是现代经济的核心,扮演着经济体中大脑的角色。金融的任务就是要把稀缺的资源分配给效率最高的企业。勤劳有助于致富，但要想真正富裕，就必须有一个发达的金融体系。

“中国奇迹”并不特殊

改革开放已经近40年，中国取得了年均10%左右的高速增长，这令很多人颇感意外，被一些人称为“中国奇迹”。但我们不可自满，原因有二。

第一，中国起步时的水平非常低。按照现价美元衡量，1978年中国的人均GDP为156，2015年为8028；而对照全球平均水平来看，1978年和2015年的数字分别为1969和10058。换句话说，经过了近40年的高速追赶，我们离全球平均水平还有一段距离。

第二，在改革开放之初，中国绝大多数劳动力都在农业领域，根据世界银行的数据，农业劳动力占全部劳动力的比例在1987年时高达60%，2011年这个数字变为2.5%。农业的增加值是低于工业和服务业的，也就是说，当一个国家有持续的劳动力从农业转移至工业和服务业时，经济比较容易获得高速增长。但当这一趋势结束时，经济体就必须开始挖掘自身的效率以获得经济增长，而这对任何国家都是巨大的挑战。

事实上，中国早已开始了这一过程。假如我们看看过去10年的GDP增速，就会发现中国经济增速已在快速下降。2007年我们的增速为14.2%，2016年已降至6.7%，下降了一半多(图1.4)。

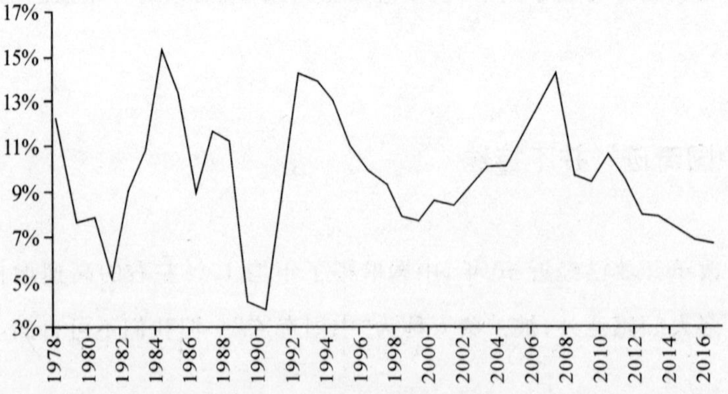

图 1.4　中国 GDP 同比增速

资料来源:长江商学院案例研究中心与中国经济和可持续发展研究中心。

短期内,大多数人都认为中国经济已经企稳,但同时大家也都认为这样的企稳主要是投资拉动的,经济增长并未摆脱旧有的模式。现在投资拉动有一个最大的问题就是效率在不断下滑,由此带动中国的债务率不断上升。要解决这些问题说难也难,说容易也容易。难是难在余下的改革要触及很多利益集团的利益,这些利益集团在政治、经济上具有庞大的势力;容易是因为中国还有很多可以看得见的改革之处,只要稍微改变一点,就可以带来经济的有效增长。

说到底,中国经济的增长潜力依然可观。但要充分释放潜能,将中国的人均收入提升到发达国家的水平,我们尚需通过改革来推进能提高经济效率的新一轮体制创新。也就是说,未来中国经济发展的关键并非加大投资,而是要在降低投资率的情况下释放新一轮改革创新的红利，改善全要素生产率①(total factor productivity，简称 TFP)，提高居民消费和生活质量，获取新常态下的经济增长。

压力之下也有乐观迹象

我们还在问卷中询问了企业对成本、价格、投资和招工情况的预期，并由此形成了以下指数。细看这些指数的变化，我们更容易看清中国企业面临的现实压力以及压力之下的某些乐观迹象。企业成本端的指数长期处于高位，显示中国经济正处于巨大的转型期，劳动力成本和企业经营总成本的快速上升，正在加速消磨中国一度优势的低成本制造模式(图 1.5)。

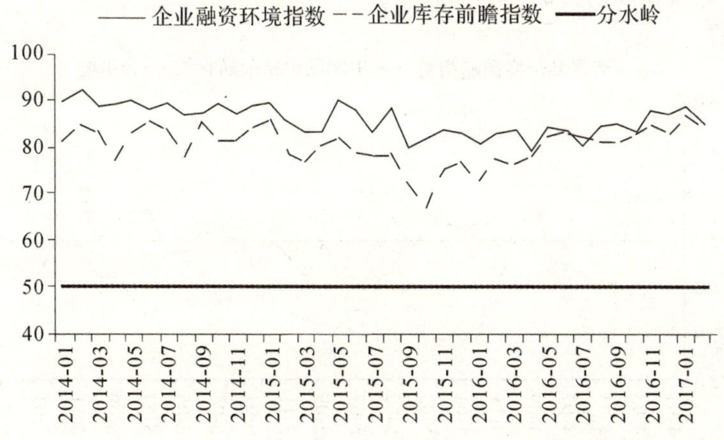

图 1.5 企业融资环境指数与企业库存前瞻指数

资料来源：长江商学院案例研究中心与中国经济和可持续发展研究中心。

---

① 全要素生产率反映了投入转化为最终产出的总体效率，全要素生产率越高，经济体的效率越高。从长远来看，一个经济体持续健康的发展必须仰赖全要素生产率的提高。

随着成本不断上升,一些低端的制造业必然会转往越南等成本更低的国家,届时中国将面对两种可能:要么是提高劳动力的素质,转向附加值更高的产业;要么是陷入经济停滞。换句话说,未来中国经济发展的关键之一在于是否可以培养出足够多的、和市场适配的高素质劳动力。

再看看消费品和中间品价格前瞻指数,你会发现两者长期较为疲软,尤其是中间品价格前瞻指数(图 1.6)。这提示我们一个很大的问题,就是生产者面临重大成本压力,但大部分产业都存在严重的产能过剩现象,无法通过提价向下游转移。这时候生产者只有两条路:要么提高效率,要么倒闭清算。现在看起来提高效率的似乎多一些,我们应该为企业家强劲的进取心感到欣慰。

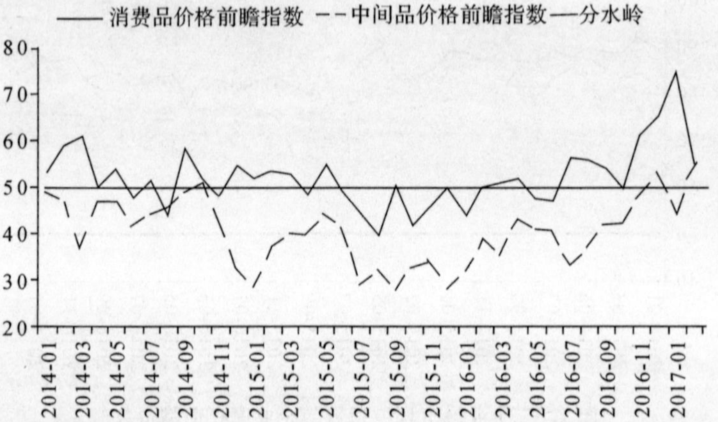

图 1.6　消费品价格前瞻指数与中间品价格前瞻指数

资料来源:长江商学院案例研究中心与中国经济和可持续发展研究中心。

中国企业家强劲的进取精神还体现在下面一组数据里，企业投资前瞻指数和企业招工前瞻指数依然保持在相对较高的位置上（图1.7）。这两个指数长时间表现尚佳，无疑会让人对中国经济保持一定的乐观情绪。无论中国企业面临何种困难，譬如成本上升、库存增加或融资困难，但它们依然在投资和招工。增加投资意味着企业家对未来看好，招工则表明经济增速放缓并未带来就业的大问题，因此，认为中国经济增速下滑将全面危及就业的说法还缺乏证据。

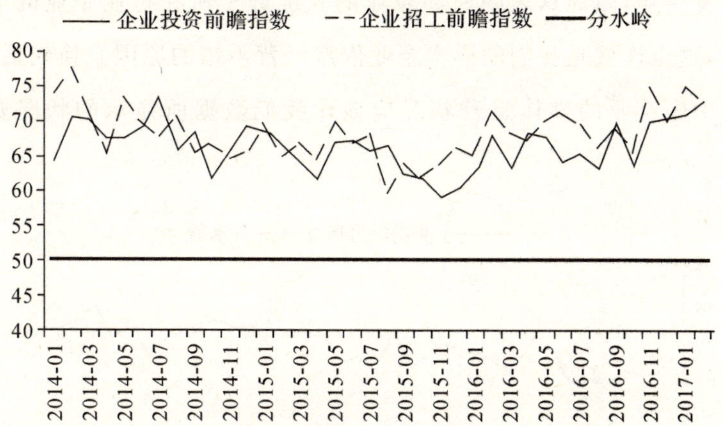

图1.7 企业投资前瞻指数与企业招工前瞻指数

资料来源：长江商学院案例研究中心与中国经济和可持续发展研究中心。

然而，如果我们换一个角度来判断企业行为，我们会发现企业持续扩大规模的乐观情绪也可能来源于企业对政府宏观调控政策的理性预期。企业家们从多年的经验中领悟到，宏观经济形势越差，政府推出宏观刺激政策的概率就越大，力度也越大。在宏观形势不太好的时候，小心谨慎地控制规模、准备过冬的企业常常会在政府大幅推出强有力的刺激政策时措手不及，且屡屡踏空，而坚信政府会及时救市的企业反而成了刺激政策的最大受益者。企业在这种理性预期下的行为,虽然从个体的角度来看是理性的,但是这个预期一旦成为市场的一致性预期,引导大部分企业有恃无恐地增加风险投资、拉大财务杠杆,结果反而为将来更大的危机埋下种子。

最后是企业竞争力指数,该指数衡量企业在该行业所处的地位,指数越高,其在该行业中的地位越高。2017 年 2 月,该指数为 69.8,继续维持在高位(图 1.8)。由于我们的调查对象主要是长江商学院的校友企业,因此这表明所涉企业的状况好于所在行业企业的平均水平,这也许就是我们的样本企业依然经营不错的原因。换句话说,目前中国企业的整体运营状况应该比我们数据所显示的状况要差一些。

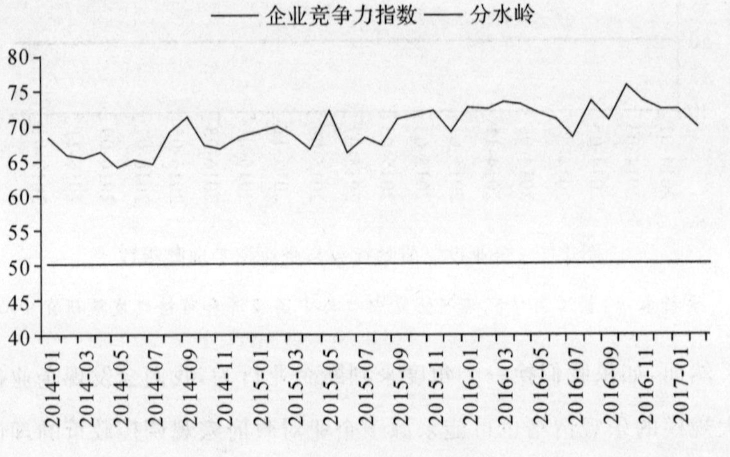

图 1.8　企业竞争力指数

资料来源:长江商学院案例研究中心与中国经济和可持续发展研究中心。

股市大涨，债务危机？

2015年开年数月来，中国股市涨势喜人。截至2015年4月24日，上证综指收于4394点，而在2015年1月5日，这个数字仅为3351点。实际上，不用数字说话，几乎所有对证券市场略知一二的人都知道2015年上半年股市涨得很凶，这让无数持股大户一夜之间成了千万、甚至亿万富翁，而普通股民也乐得参与，起码赚个买菜钱。这导致了一种局面，即大家开始借钱炒股，有的向券商借，有的用发行理财产品、招募有限合伙人入伙私募基金等方式集资，有的向亲戚、朋友借，有的甚至找地下钱庄借。

对上市公司来说，股价的上升有利于其以更低的成本融资（如定向增发）。没有上市的公司，不少在积极地争取上市资格，有些索性直接挂牌新三板。

股市是一个让人捉摸不定的地方，尤其是中国股市。上涨的时候皆大欢喜，下跌的时候骂声一片，甚至有人因此而状告中国证监会。假如要是不涨不跌，那大家又有什么反应呢？天晓得。总之，我们过于看重股市的涨跌，而忽视了股市基本的制度建设，结果导致我们天天在忙乱中度过，股市配置资源的作用在这种情形下又如何发挥呢？

多赢的游戏

现在我们来看看本轮股市上涨背后的一些情况。首先需要注意的是,很多公司目前都债务缠身,在股价高企时,企业能以更低的成本融资,自然是天大的好事。假如这样的状况可以持续得久一点,那么中国企业的债务问题将得到很大的缓解,资产负债表的压力也会减少很多。

股价不断上升的同时,公司基本面却并未出现实质性的改善,因此市盈率(PE)不断上升。根据 Wind 资讯的数据,2014 年 7 月 1 日,A 股的平均 PE 为 11.96,而到了 2015 年 4 月 24 日,该数值升至 25.42;成交额迅速上涨,2015 年第一季度 A 股成交额累计为 41.18 万亿元,而 2014 年同期仅为 12.17 万亿元;开户数大增,2014 年全年新增开户总数为 1624 万,2015 年第一季度为 1216 万。

虽然目前 A 股的估值还远远不及 2007 年的状况,但其也是近年来最大的一波上涨。股价的不断上涨让几乎所有的参与方都很高兴,这似乎是一个多赢的游戏,但问题是这种状况能持续吗?它会带来何种后果呢?

关键在于杠杆

首先需要说明,笔者无法判断目前 A 股是否存在泡沫,而且从全球的角度来看,A 股在 2015 年的上涨也有一定的道理。问题的关键不在于泡沫,而在于杠杆。根据 Wind 资讯的数据,截至 2015 年 3 月底,

A 股市场中的融资余额为 14859 亿元，而 A 股的总市值为 477018 万亿，杠杆率仅为 3.1％。3.1％这个数字显示 A 股的杠杆率非常低，对股市和投资者而言都是非常安全的，但事实真的是这样吗？

麦格理证券的研究否认了这一观点。麦格理证券认为，表面上 A 股的杠杆率很低，但其实际的杠杆率非常高，其原因在于 A 股存在大量的非流通股。这些非流通股基本上都握在政府和国有企业手中，无论市场如何变化，这些股票都不会被抛售。也就是说，A 股真正被交易的只是那些流通股，A 股的价格由流通股决定，因此在衡量杠杆率时，应该使用融资余额与流通股市值的比例。

根据麦格理证券的研究，A 股的流通股市值占总市值的比例为 39％（图 1.9），因此 A 股的流通股市值为 186037 亿元，杠杆率为 8％（此处使用的融资总额为 14859 亿元，是 3 月末的数据，4 月 24 日该数据已升至 17804 亿元，假如使用这一数字，那么 A 股的杠杆率将攀升至 9.6％）。那么 8％的杠杆率是高还是低呢？麦格理证券经过跨国比

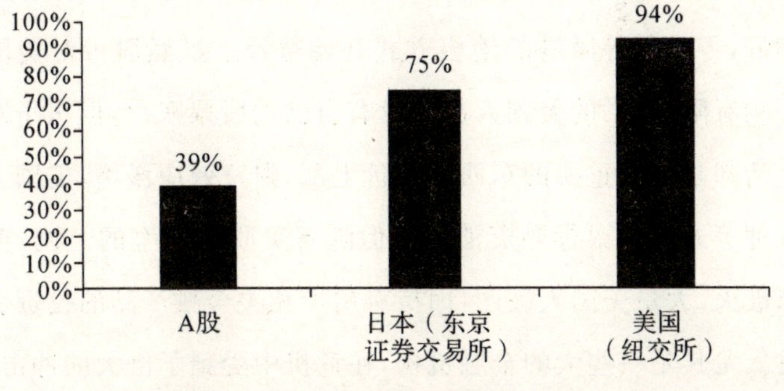

图 1.9　流通股市值占总市值的比例

资料来源：麦格理证券，截至 2015 年 4 月。

较后发现,同期美国为2.5%,日本仅为0.8%。假如我们将时间拉长至1980年,那么我们会发现,在此期间美国股市和日本股市的杠杆率最高值为6%。

除了官方的融资余额外,A股市场还存在大量难以统计的融资,比如投资者向亲戚、朋友借的钱无法统计,向地下钱庄借钱的总额更是黑箱,有媒体报道称,一些地下钱庄可以给予投资者10倍的杠杆。因此有市场人士认为,这些资金加起来可能高达数千亿元。不过不论这些资金的总额是多少,笔者估计目前A股的杠杆率应该已经突破10%了。

在股价上行时,高杠杆会增加投资者的收益,但在股价下行时,高杠杆则会成为投资者的梦魇,这方面美国有惨痛的教训。2001年美国互联网泡沫破灭之后,很多百万富翁一夜归零,但由于很多美国人并未涉足股市,因此互联网泡沫破灭对美国经济的影响并不大。然而,美联储为了刺激经济增长,大幅下调了利率,并将利率在1年多的时间内维持在1%的低水平上。在低利率的刺激下,美国房地产市场兴起,房价大幅攀升,零首付等激进的销售方式开始普及。虽然股市对美国人的生活影响有限,50%的美国人甚至没有自己的股票账户,但房子对美国人的生活却是一个重要的东西。房价上涨,财富效应激增,美国人通过二次抵押等方式向银行融资消费。但随着美联储利率的上调,美国房市泡沫破灭,大量美国人破产,而持有房产相关金融产品的投资者也损失惨重。尤其是一些大的金融机构,在危机中受到了巨大的冲击,比如雷曼兄弟公司。

此时出现了一个更为严重的问题,就是连锁反应。由于现代金融业内部的联系异常复杂,大型金融公司在金融网络中占据重要地位,因此当某些重要的金融机构发生危机时，其很容易引发类似于挤兑现象的连锁反应，进而演变为系统性危机。由于存在这样的现象，因此大家称这些庞大的金融机构是大而不倒。在 2008 年的金融危机中我们看到，当雷曼兄弟破产后，市场上一片混乱，流动性枯竭，假如不是美联储出手相救，美国银行和花旗银行最后能否存活也是一个问题。

中国也存在同样的问题，这么多的投资者使用杠杆去炒股，假如将来股价开始下跌怎么办呢？到时候在杠杆和恐慌情绪的驱动下，市场的状况会与现在掉换过来，空方的力量会远强于多方的力量，届时成交量萎缩，股价下滑和去杠杆出现恶性循环，甚至会导致股价跌到上市公司的基本面以下。这时，大量的投资者会血本无归，他们将不得不缩减其他方面的开支去还债，而且由于很多钱都是来自银行等金融机构，银行可能会由此而产生大量不良贷款。

需要强调的是，时至今日，银行仍是中国金融体系的中心，但银行体系之外的融资机构在最近数年发展迅速，例如信托，这些银行之外、并不透明的放贷实体被称为影子银行。与美国的影子银行类似，虽然影子银行在名义和法律上与银行是分开的，银行对其盈亏也不负任何责任，但在现实中往往不是如此。在实践操作中，影子银行经常会借助银行的渠道去发行理财产品，当股市快速上升时，这些用理财产品融来的资金很可能会入市。在这一过程中，影子银行获得了资本利得，银行收获了发行理财产品的手续费，购买理财产品的投资者获得了高息回报，这似乎是一个完美的“游戏”。

然而，这里面有一个很大的问题，即投资者在购买理财产品时往往认为银行会承担保底的责任，而过往国内外的经验证明，银行也经常不得不承担这样的责任。这样的格局意味着银行承担了其自身体系外大量的风险,这些风险到底有多大目前难以获知。股市快速上涨时,这样的“游戏”会让所有的参与方获利,但一旦形势逆转,影子银行将出现亏损,而购买了相关理财产品的投资者也会出现亏损,这时投资者容易去找银行“维权”。对银行来说,这将是一种不可估测的风险。也就是说,假如股市下跌,影子银行的风险随时可能转化为银行的风险。

总之,股市下跌可能引发债务危机,而债务危机最后可能会导致中国出现美国当年那样的问题——金融业出现系统性危机,经济遭受重创。

降低融券成本

有没有办法防止出现那样的局面呢?或者当未来发生危机时,减轻其烈度呢?笔者对此的答复很简单:有。融资加杠杆,扩大对股票的需求,而融券交易(就是卖空,将借来的股票在市场上抛售,然后在约定的时间买回股票并予以偿还)增加了股票的供给,对融资交易起到了一个对冲的作用。因此,当务之急就是降低融券的成本,让融券交易在股市交易中发挥更大的作用。

然而,非常可惜,在A股市场上,融券余额相对于融资余额来说完全就是一个零头(表1.1)。例如,截至2015年4月24日,A股市场中的融资余额为17804亿元,而融券余额为90亿元。造成这种局面的原因很多,例如融券的利率始终高于融资,在这方面各家券商的报价不同,但在绝大多数券商那里,融券利率都比融资利率要高出2个百分点。对此,笔者呼吁我们的监管层、金融机构,为了市场的健康和防范危机,能否做点什么让融券的利率降下来,让投资人能像融资一样方便地去融券?

表 1.1 融资余额与融券余额

时间	融资余额(亿元)	融券余额(亿元)
2014 年 1 月	3472	20
2014 年 2 月	3837	26
2014 年 3 月	3926	28
2014 年 4 月	3938	26
2014 年 5 月	3915	28
2014 年 6 月	4034	30
2014 年 7 月	4400	49
2014 年 8 月	5201	36
2014 年 9 月	6074	37
2014 年 10 月	6976	48
2014 年 11 月	8189	64
2014 年 12 月	10174	83
2015 年 1 月	11259	59
2015 年 2 月	11524	56
2015 年 3 月	14859	80
2015 年 4 月	17804	90

资料来源:Wind 资讯,数据截至 2015 年 4 月 24 日。

虽然卖空交易经常被人咒骂,认为其引发了股价的下滑,是从他人的损失中牟利,但在实践中,融券交易具有相当大的正面意义。卖空是一个容易引起人们误解的词,但大家可以想想,卖空会在牛市中起到冷却市场的作用,也会在熊市中起到托底的作用。因为卖空的投资者需要在未来某一时间点购入股票以偿还那些借股给他们的人,在股市从牛转熊的过程中,过去做多的投资者可能会慌不择路,拼命抛股票,这时市场上会缺乏对股票的需求,这会导致股价进一步下跌。但在这个时候,之前卖空的人会购入股票以还账,这增大了对股票的需求,因此其发挥了稳定股价的作用。

实际上,理论和实践已经证明,融券交易是一个股市健康发展的必备条件。没有融券交易,股市一定会大起大落,无法实现动态的平衡发展。面对如此多高杠杆的投资者,让融券交易发挥作用去降低股市的风险,意味着减轻未来发生债务危机的可能,而这才是真正地保护投资者的利益。

最后,要解决股市快速上涨及其背后可能存在的债务危机问题,笔者认为监管层还需要尽快推出两项改革:一是废除上市审批制,实施注册制,让市场来决定企业能否上市和以什么价格上市。这能为股市提供大量的新股供给,为股民增加可投资的优良股权资产,为中国企业开创一个市场化的平台。二是放松资本管制,逐步实现国内投资人的全球资产配置。沪港通已经开了一个很好的先例,希望今后可以逐步扩大每日跨境交易额度,开放更多的境外市场。

一致的乐观：非理性繁荣？

BCI中有两个指数引起了笔者的注意，一是企业投资前瞻指数，一是企业招工前瞻指数。这两个指数衡量的是企业家对未来半年投资和招工的预期，数字在50以上代表增加或改善，50以下代表减少或变差。

2011年9月（BCI项目开始时间）至2015年5月，BCI进行了42轮问卷调查（项目初期有3个月未做调查）。在这段时间内，中国的经济增速明显下滑，2011年的GDP增速为9.5%，2014年为7.4%，2015年第1季度降为7%。但在这段时间内，企业投资前瞻指数和企业招工前瞻指数始终维持在高位（图1.10）。这种数据意味着无论经济潮涨潮落，企业家始终在实行扩张的策略，加大投资，继续招工。

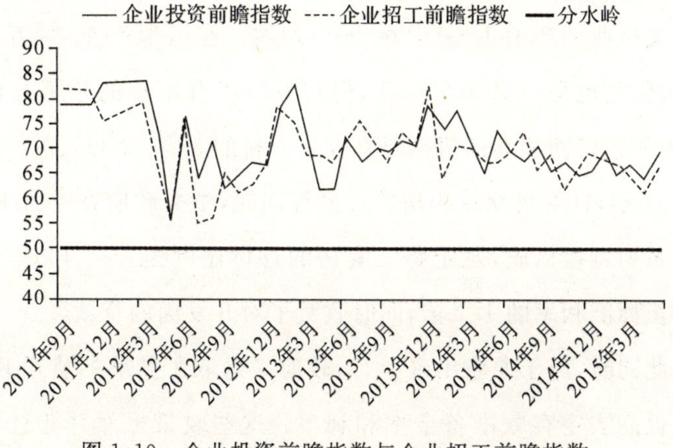

图1.10　企业投资前瞻指数与企业招工前瞻指数

资料来源：长江商学院案例中心与中国经济研究中心。

照说在经济下滑的时期,企业会为了“过冬”而收缩战线,但我们调研的企业却显示出了惊人的反向性。对于这个问题,笔者认为有两种可能性:一是我们调研的企业竞争力较强,可以通过提高效率的方式来应对整体经济环境的下滑;二是企业认为每当经济下滑时,政府就会出台救市政策,因此收缩战线可能意味着踏空下一个发展的机会。于是企业普遍倾向于维持扩张的经营策略,即使处于逆势之中。

万科与保利

企业投资前瞻指数和企业招工前瞻指数背后的逻辑到底属于以上的哪一种可能,笔者不好判断。但在一些行业中,第二种可能已经是长时间存在的现实了,例如房地产业。这里笔者以万科和保利近年来的经营策略及结果来讨论这种现象。

众所周知,房地产是中国经济的重要组成部分,有研究认为,房地产及相关行业的产值占 GDP 的 20%左右。在房地产业中,万科是龙头老大,保利也是一家知名企业,但与万科仍有不小的差距。在 2006 年,保利的销售面积和销售额分别仅有万科的 38%和 39%。

2007 年,针对民众认为房价过高等问题,中央政府在 9 月 27 日颁布了一系列调控措施,规定将二套房的首付比例提升至 40%,贷款利率提升至标准利率的 1.1 倍,同时收紧了对开发商的贷款。

与此同时,由于通胀出现上行,政府又采取了紧缩的货币政策,例如多次提高法定存款准备金率和利率。这些政策虽然并非针对房地产,但其在客观上打击了房价的上涨,市场上关于房价会不断上涨的预期开始发生改变。

在这样的市场环境中，开发商对未来的行业发展产生了分歧，进而出现了不同的经营策略。万科作为房地产领域的龙头企业，当时对市场的发展持负面看法，其董事局主席王石认为楼市的拐点已到，房价过高的情形将发生改变，因此万科将不拿“地王”，而且万科还在一些项目中实行了降价销售的策略；但也有一些企业家不认同王石的观点，例如SOHO中国董事长潘石屹认为，假如经济形势进一步恶化，中国政府会迅速通过利率和准备金率来调节经济，因此支撑中国经济和中国房地产发展的主导力量并没有改变。

在实践中，企业的经营决策由于观点的不同而发生了巨大的分歧，其中一个结果就是造成了不同的拿地政策（图1.11）。

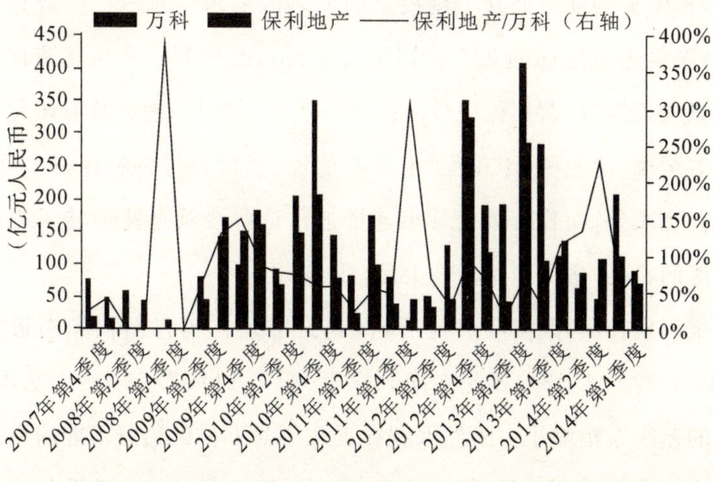

图1.11　万科与保利新增土地总地价

资料来源：Wind资讯。

由图 1.11 可见,保利原本在拿地上远不如万科(2008 年第 3 季度和 2009 年第 1 季度保利并未拿地,因此保利/万科的数值记为 0),例如 2007 年第 4 季度、2008 年第 1 季度和 2008 年第 2 季度,保利/万科的比值分别为 25%、41%和 1%。但在此之后,与万科的谨慎相比,保利的拿地策略可谓激进,2008 年第 4 季度保利/万科的比值为 386%,2009 年第 3 季度和第 4 季度该比值分别为 128%和 150%。

2008 年国际金融危机爆发后,全球经济形势急剧恶化,中国外需也受到猛烈冲击,由此造成中国 GDP 同比增长率在 2008 年第 4 季度下滑至 6.6%,而在第 3 季度该数字尚为 9.8%。在此背景下,2008 年房地产量价齐跌。

此后的发展如潘石屹所预料的,政府全面逆转了之前打压房价的政策,从中央到地方展开了规模空前的刺激需求干预——房贷利率下调(利率优惠由之前的 8.5 折调整为 7 折),改善型二套房比照首次购房优惠政策执行,营业税免征时限由 5 年变为 2 年,地方政府减免房产交易的契税、营业税、印花税、土地增值税、所得税等多种税率。同时,央行 5 次减息,而且新增贷款迅速增加。这些政策迅速逆转了之前房价低迷的状况,房价开始重新上涨(图 1.12)。

很明显,万科踏空了。此后,保利无论是在销售面积和销售额上(图 1.12 和图 1.13),还是在净利润上(图 1.14),都上了一个层次,与万科的差距大幅缩小。虽然保利在近几年对万科的追赶不能简单地用拿地这一个因素去解释,但土地是房屋的基础,是商品房建造的主要成本,土地的多少和地价的高低决定了企业未来数年的发展空间以及利润状况。因此,万科和保利状况的变化在一定程度上很可能与之前的拿地行为存在相当大的关系。

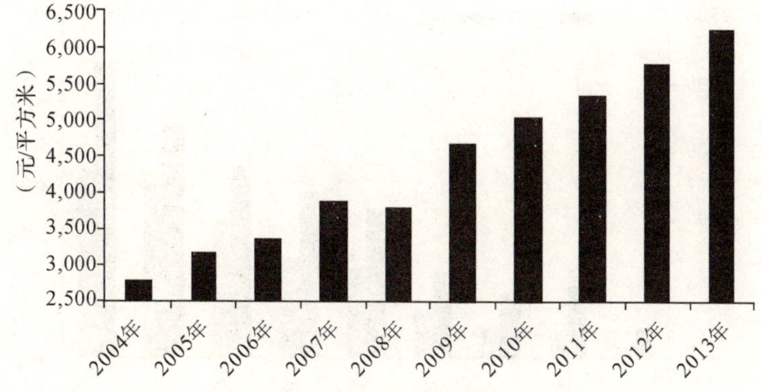

图 1.12　商品房平均销售价格

资料来源：国家统计局。

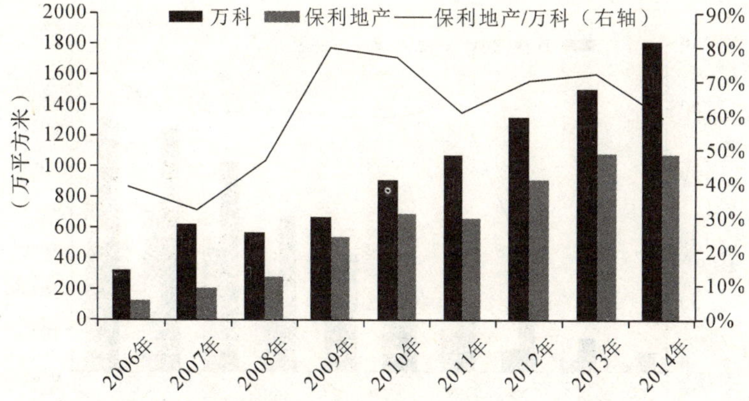

图 1.13　万科与保利销售面积

资料来源：Wind 资讯。

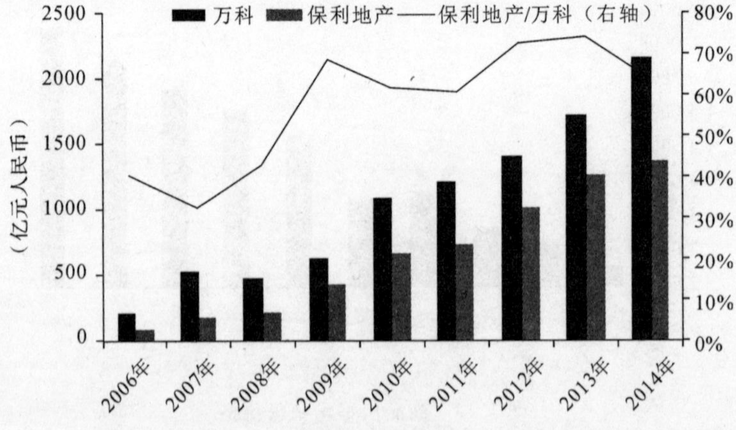

图 1.14　万科与保利销售额

资料来源：Wind 资讯。

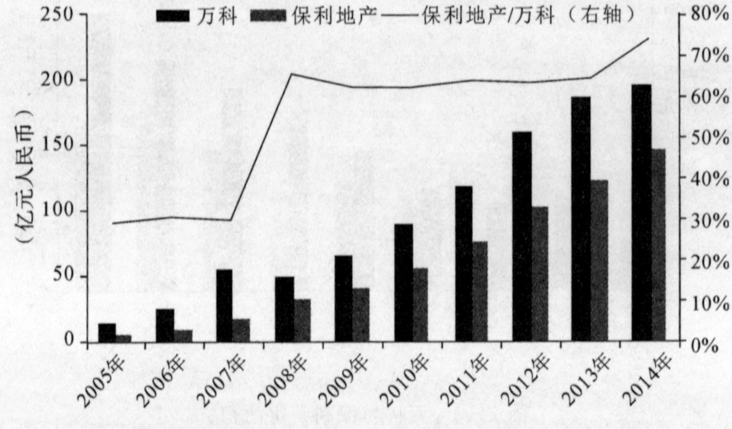

图 1.15　万利与保利净利润

资料来源：Wind 资讯。

房地产调控的正反馈特征

以上简单地描述了房地产调控政策在一些年份的变化，以及开发商在这种变化中的不同反应和其对经营业绩的影响。从上文的例子可知，万科的观点是“错误”的，保利则由于“正确”的决策而获得了巨大的回报。

那么为什么万科会输，保利会赢呢？笔者认为这与房地产调控的特点有关。从实质上说，中国的房地产调控遵循的是一种正反馈机制。什么是正反馈？简而言之，正反馈指的是系统通过增加输入增加了输出，而增加的输出又会反过来提升输入，结果造成输出变动持续循环加大的情形。很明显，正反馈系统是不稳定的。同理，如果一系统通过增加输入可以增加输出，而增加的输出会反过来降低输入，那么该系统就是负反馈系统。负反馈系统具有自我减震的调节功能。在经济学中，有效运行的市场通常会通过价格变化来实现自我调节的功能。比如，旱灾导致大米产量短期下降，大米价格会短期上涨，而这会自然提高农民种植下一季大米的面积，因此鼓励供给侧提高大米的供给；同时，大米价格上涨也会引导消费者短期增加对其他主食的需求，抑制对大米的需求，从而实现市场自然而然地平抑大米价格的功能。

再举一个炒股的读者比较熟悉的例子。追涨杀跌就是一种正反馈现象，股价上涨会吸引更多的跟风者去买股票，这会进一步推动股价的上涨，而股价的继续上涨会吸引更多的追涨人去买股票；股价下跌会导致持股人抛售股票，而这会使得股票进一步下跌，从而引起更多的人去抛售股票。当然，假如大部分股民是理性的价值投资人，那么追涨杀跌的正反馈现象就会少些;而且正反馈即便会发生,它所带来的波动也会小很多。

卖空则是一种负反馈机制,当股价升高时,卖空的利润空间会变大,这时卖空的势力也会变大,卖空者借了大量的股票抛向市场,而这阻碍了股价的进一步上涨。假如这时股价还在上涨,那么会吸引更多的卖空者入市。也就是说,股价上涨增大了看空者的势力,而降低了股价疯涨的可能性。

反过来说,卖空者抛售的股票是从股票持有者手中借来的,在一段时间后,卖空者需要在市场上购回股票以偿还给那些股票出借者。假如这时股市下跌,之前看多的人很可能会争相逃离市场,这时对股票的需求不足会导致股价的进一步下滑,但这时卖空者购回股票的行为将增大对股票的需求,从而阻止或者减轻杀跌的情况。而且股价越低,卖空者购回股票的动力越大,从这些方面来看,卖空实际上发挥了股市稳定器的作用,是一种负反馈机制。

中国的房地产市场从结构上来说必然是一个正反馈机制。从土地制度上说,中国的土地按权属分为两种——国有土地和集体土地,商品房只能建在国有土地上,而决定国有土地归属的则是地方政府。对地方政府来说,土地通过招拍挂的方式出让给开发商,卖地的收入叫作土地出让金。除了土地出让金之外,地方政府还可以将国有土地拿到银行去抵押以获得贷款。

从地方政府的立场来说,土地不但是一种政府收入的来源,也是撬动银行信贷资源的金融杠杆,这为地方政府运作其他项目提供了至关重要的资金。为了获得尽可能多的资金,地方政府必须尽量抬高土地价格。由于土地价格最终会作为商品房的成本显示出来,因此地方政府有很强的动力去推高房价。

为了抬高房价，地方政府采取了一系列措施去达成这一目标，例如压缩土地供给。随着房价的升高，地方政府从土地中可以获得更高的收入，转而可以将这些收入投入土地收储、基础设施建设和招商引资等活动中。通过这些经济活动，地方政府可以进一步推高房价，并增加自己从土地中所获得的收入。地方政府通过这种周而复始的经济活动不断拉高金融杠杆，为本地经济建设谋求更多的资金。

很明显，这是一个正反馈的过程。然而，与追涨杀跌类似，这样的系统是不稳定的，其会造成两方面的不良后果。

第一，这扩大了房价的波幅，危及了经济的稳定。在正反馈的过程中，房价不断上升，但假如房价大幅超出了人们的收入水平或者城市化进程放慢，住房需求下滑，那么房价可能无法在高位继续支撑。由于房价是在正反馈的机制下实现的大幅上涨，因此很容易出现过高的问题，这时候向下的调整可能非常剧烈，在实际情况下，正反馈的机制扩大了房价的波幅。

另外，一旦房价停止增长，甚至是下滑，那么政府收入会减少，相关产业，例如钢铁、水泥等，马上会出现产能过剩。由于房地产在地方经济中所占的比重很大，因此房价大幅上涨时经济会一片繁荣，但在房价下滑时，经济很容易出现大幅下滑的情形。从经济调控的角度来说，平稳是一个很重要的目标，但房价的大幅波动无疑对此构成了严重的威胁。

第二，这增加了金融领域系统性风险的可能性。地方政府通过土地抵押的方式向银行融资，抵押品的价值决定了融资额的多少，地价越高，地方政府从银行获得的资金越多，因此地方政府会想尽办法推高地价、房价。但如前所述,地方政府推高地价与房价的做法是一种非常不稳定的正反馈行为,当土地价格不断升高时,银行对地方政府的敞口也会不断增大。对地方政府来说,随着地价的升高,其债务日益增多、风险日益增大。由于这些债务的抵押品是土地,因此一旦地价不再上涨或者下跌,那么抵押品的价值会迅速缩水,地方政府的收入会减少,偿债能力会下降,银行的不良贷款风险会明显上升。由于银行依然是中国金融体系的核心,这将加大金融领域发生系统性风险的概率。

关于地方政府债务和土地抵押贷款的情况,国家审计署曾在 2013 年年底公布过一次全国调查的结果。根据审计署的数据,截至 2013 年 6 月底,省、市、县三级政府负有偿还责任的债务余额为 105789.05 亿元,比 2010 年年底增加了 38679.54 亿元,年均增长 19.97%,地方政府负有偿还责任的债务增长较快。

另外,地方政府性债务对土地出让收入的依赖程度较高。截至 2012 年年底,11 个省级、316 个市级、1396 个县级政府承诺以土地出让收入偿还的债务余额为 34865.24 亿元,占省、市、县三级政府负有偿还责任债务余额 93642.66 亿元的 37.23%。

政策的矛盾与反复

前文已述,地方政府会运用各种手段来推高地价和房价,这虽然会危及经济稳定和金融安全,但由于中央对地方官员的考核都是短期的,因此管控这些风险很难成为地方政府的工作重点。

对冲这些风险需要中央政府采取一些具有负反馈特征的政策,但中央政府的房地产调控政策并未实现这一目标。

首先，要降低房价和地价。这需要中央政府出台政策打破地方政府限制土地供给的做法，但与此相反的是，中央政府的一些政策在客观上减少了土地的供给。

其次，也是更关键的是，与地方政府类似，中央政府也有自己的经济目标，例如 GDP 增速。在经济高速增长的时候，中央政府比较容易采取一些限制房价的政策，就像 2007 年实施过的那些政策。但在经济下滑时，中央政府很容易转变对房地产的态度，将原先的限制政策变为鼓励政策，就像 2008 年发生的那种政策转变。

中央政府对 GDP 增速的执着使开发商产生了对未来房价的乐观预期。企业预期政府会在经济下滑时刺激经济增长，因此之前限制房价的政策一定会逆转，再加上地方政府始终如一的支持，开发商没有任何理由去收缩战线，准备过冬。最后造成的结果是，每一次中央政府限制房价的时候，都是开发商冒险扩张的好机会，因为这将意味着踩实下一个时点，赢得一个政策大礼包。

然而，如前所述，地方政府采取的政策使房地产业出现了正反馈的运行，中央政府本应采取措施对冲这种机制，但非常遗憾的是，中央政府的不同政策互相矛盾且不协调，就算是对房地产的政策，中央政府也是摇摆不定，最终总是祭出救市的政策。这样的结构导致房地产业运行的正反馈机制毫无减弱之势，甚至可以说，中央政府的每次救市政策都在强化房价上涨的预期，开发商和投资者在这样的预期下行事是完全理性的。但当所有的人都如此“理性”时，集体的非理性可能正在不断扩大，这样的局面对中国经济的平稳发展和金融体系的健康运行可能均非福音。

打破房地产运行的正反馈机制

前文已经说过了房地产行业中的正反馈机制及其可能造成的后果,那么中国有什么样的办法去打破这样的循环呢?

笔者认为,政府对农民土地的真正确权将在很大程度上解决这个问题。这里先要讲一点背景知识,之前已经说过,中国的土地按权属分为两类——国有土地和集体土地,商品房必须建设在国有土地上。随着城市的发展和扩张,原有的国有土地逐渐耗尽,地方政府这时候需要将周边农村的集体土地变为国有土地,这个转变的过程叫征地。由于地方政府希望从土地中获得尽可能多的收入,因此地方政府有动力在征地的过程中尽量压低集体土地的价格。地方政府为压低征地价格经常与集体土地上的农民发生冲突,有时甚至不得不出动警察来保障征地的顺利进行。

由于在征地的过程中,地方政府相对强势,因此其行为经常会侵害农民的合法、合理利益,而失地的农民很多会失去生活的来源。很明显,这与中央政府提倡保护农民利益、提高农民生活水平的政策目标完全是背道而驰的。

从经济学的角度来讲,地方政府限制对国有土地的供给是基于其对国有土地的垄断。从增量上说,征地的唯一权保证了地方政府的利益不会因集体土地的入市而受到损害,实际上,这也是地方政府垄断国有土地供给的一种表现。垄断很容易产生价格操纵,这也是房价和地价正反馈上涨的决定性因素。

为什么说对农民土地的确权能在很大程度上解决地价和房价正反

馈上涨的问题呢？原因在于，现在土地垄断在地方政府手中，价格受到操纵，假如明确集体土地的归属，让农民成为集体土地的主人，那么地方政府对土地的垄断将被打破。这时候，地价和房价正反馈上涨的现象将出现负反馈机制的对冲。例如，当地价和房价上涨时，土地入市有利可图，农民就会将手中的土地出售，这时土地的供给会增加，从而会遏制地价和房价的上涨。当地价和房价不再上涨或下跌时，土地入市无利可图，这时农民很难有动力出售手中的土地，从而减少了土地的供给，对地价和房价又形成了支撑。

这种负反馈的机制缩小了地价和房价的波幅，有利于熨平经济的波动，有利于降低相关抵押品价格的波动，有利于减少银行所面临的风险，有利于维持金融的稳定。

能否皆大欢喜?

假如农民可以从出售自己的土地中获利，那么这将在经济上为农民转为市民奠定基础。对地方政府来说，丧失对土地的垄断意味着收入的下降，这时候地方政府将不得不做两件事：一是“瘦身”，少花钱，少为了短期的政绩去做事；二是开征房地产税。

地方政府的“瘦身”意味着权力的缩小，开征房地产税将完全转变地方政府的行事逻辑。在垄断土地供给时，地方政府的工作主要聚焦于增加收入，多投资，短时间内尽可能多地出政绩。由于地方政府需要为居民提供公共服务，而居民为地方政府贡献的收入又比较有限，人对于地方政府来说是一个负担，因此地方政府对人的态度自然是能赶就赶，对现有的居民也缺乏提供公共服务的积极性。

然而,征收房产税之后,一个地方的房子价值越高,地方政府从中获得的收入也就越高。假如房子卖不出去、没人住,那么房价必然低,房价低会导致房产税收入低,因此地方政府就必须想办法吸引人来落户居住。这时候,之前赶人的那些政策肯定需要废除,而且为了吸引新的居民,地方政府必须提供更好的公共服务。换句话说,“瘦身”和开征房产税意味着地方政府的目标从投资出政绩转变为提供更好的公共服务。

一方面,农民从土地中获得了更多的收入,有资本进城生活,比较容易转变为市民;另一方面,地方政府热衷于吸引新的居民,提供更好的公共服务。两者一结合,城市化水平会大幅提升,收入差距会进一步缩小,农民不再是“贫困”的代名词,投资率会下降,消费率会提升,经济结构在不知不觉中向着更健康的方向转变,经济发展的可持续性也会大幅提高,这绝对是一个皆大欢喜的结果。但实现这一点的关键在于要把“权力关进笼子”,只有这样才能藏富于民,实现真正的“中国梦”。

实际上,从宏观经济政策的角度来说,其目标是保持整体经济运行的平稳,不要创造太大的投机空间。假如存在太大的投机空间,那么很多企业和个人会放弃主业,转而从事投机,这对经济的长远发展非常不利。进一步说,任何一个经济体中都会有人投机冒险,聪明的宏观经济政策要做到的是——投机冒险的人是少数,在这少数的人中,有的会赚钱,有的会亏本,政府决不能让每一个投机冒险者最后都赚钱,因为这意味着宏观经济政策的破产,也意味着提高了宏观经济发生系统性风险的可能性。

“新常态”下的中国经济

自2014年以来，无论是政府，还是市场，都感到中国经济的增长速率有明显的下滑趋势。2014年中央政府制定的GDP增长目标是7.5%，最后的数据为7.3%（这是过去24年以来的最低值）。虽然政府早就表态不会将7.5%作为一个硬性的指标，而且7.3%的增速在当时的全球经济中仍是一枝独秀，但这被普遍看作中国经济从高速增长转向中高速增长的明确信号，一股关于中国经济“新常态”的讨论在社会上如火如荼地展开了。

这里有一个问题，即中国经济的放缓到底是周期性的，还是结构性的？假如是周期性的，那么7.3%的增速不用过分担心，因为这种经济增速下滑往往是暂时的，政策调整后经济增速会再次上升。比如1989年和1990年中国的GDP同比增速分别仅为4.2%和3.9%，但在此之后，中国经济再次腾飞，1991年和1992年的数据分别为9.3%和14.2%。但假如是结构性的，那么中国的潜在经济增长率将出现明显的下滑，而且这将是不可逆的。对于中国的经济增长来说，对两者的判断以及结论至关重要。

潜在经济增长率下滑

这里需要先解释一下，什么是潜在经济增长率。潜在经济增长率指的是一国(或地区)在各种资源得到最优和充分配置条件下,所能达到的最大经济增长率。也就是说,潜在经济增长率是一种理想状态,假如实际经济增速与之相符,那么这样的经济增长是健康的、可持续的;假如实际经济增速高于潜在经济增长率,那么这会造成通胀、产能过剩等一系列问题;假如实际经济增速低于潜在经济增长率,那么这会推高失业率、打击市场信心、将经济体拖入通缩。

不过,需要说明的是,潜在经济增长率是可以改变的。当劳动力供给、资本供给或生产率发生改变时,潜在经济增长率也会发生改变。

目前,关于中国未来的潜在经济增长率是多少,各方有争论。例如,中国社科院人口与劳动经济研究所蔡昉和陆旸在2013年发表了相关的如表1.2所示的研究成果。

表1.2 基于增长核算方程的潜在经济增长率(1978—2020年)

指标	1978—1994年	1995—2009年	2011—2015年	2016—2020年
实际经济增长率(%)	10.06	9.90	—	—
潜在经济增长率(%)	10.29	9.83	7.19	6.08
TFP增长率(%)	0.78	3.89	3.10	2.70

资料来源:《中国经济今后10年可以实现怎样的增长率?》,蔡昉、陆旸,中国社科院人口与劳动经济研究所。

汇丰银行大中华区首席经济学家屈宏斌的研究成果如表1.3所示。

表 1.3　潜在经济增长率构成

时间	劳动力增长率(%)	资本增长率(%)	TFP:跨产业增长率(%)	TFP:产业内增长率(%)	TFP:就业增长率(%)	潜在经济增长率
1991—2000 年	0.5	7.3	1.2	2.4	0.6	12.0
2001—2013 年	0.2	7.4	1.2	1.1	0.3	10.2
2014—2020 年	−0.3	6.6	0.8	0.7	0.7	8.6

资料来源:《潜在增长率究竟几何》,屈宏斌,《中国改革》杂志,2015 年第 1、2 期合刊,第 19—26 页。

这里要解释一下,TFP 是 total factor productivity 的缩写,中文翻译为全要素生产率,指的是全部生产要素(包括资本、劳动、土地,但通常分析时都略去土地不计)的投入量都不变时,生产量仍能增加的部分。换句话说,在总产出中有一部分不能为要素投入所解释的剩余,这个剩余一般被称作 TFP。TFP 除了与技术进步有关,还反映了物质生产的知识水平、管理技能、制度环境以及计算误差等因素。TFP 反映了投入转化为最终产出的总体效率,TFP 越高,经济体的效率越高。从长远来看,一个经济体持续健康的发展必须仰赖 TFP 的提高。

虽然蔡昉、陆旸的计算结果与屈宏斌的不同,但我们依然可以看到两点相同之处:第一,两者都认为未来中国的潜在经济增长率会下滑;第二,两者也勾勒出了未来 TFP 下滑的图景。我们相信,这样的经济“新常态”将会对中国企业的经营产生深远的影响,而如何面对“新常态”所带来的挑战,将决定未来中国经济在很长时间内的发展状况。

提高 TFP 增速

在潜在经济增长率下滑和 TFP 走软的条件下,中国经济目前正在经历着巨大的转型。

在改革开放早期,中国的年龄结构偏年轻,人口抚养比低,劳动参与率高,有大量的廉价劳动力投入市场,形成了所谓的“人口红利”。但随着时间的进展,由于计划生育、城市化、教育程度和抚养成本等原因,中国的生育率大幅下跌。国家统计局 2011 年 4 月公布的第 6 次全国人口普查结果显示,2000—2010 年,中国人口增长 7000 多万,总和生育率降至 1.5 以下。也就是说,在这 10 年中,中国平均每对夫妇终其一生只生育不到 1.5 个孩子。这一生育率水平,不仅低于 2.1 的更替生育率(该生育水平上每一代人总量动态稳定),而且预示着未来中国每代人将比上一代减少约 25%。

在这样的背景下,中国的劳动力市场也随之发生了根本性的逆转,劳动力市场长期以来的供大于求转变为结构性的供不应求。这样一来,企业在招工和用工上不得不支付更高的成本。

经过上文的描述,我们可以看到,未来中国经济的潜在增长率会下滑,企业面临巨大的转型压力。中国制造的低成本优势将成为历史,劳动力人口的绝对数将明显下滑。随着人口老龄化的加剧,中国的储蓄率和投资率都会下降,这意味着过去依靠增加投资和劳动力来获得经济增长的模式已走到了终点。下一步着力的重点将是提高 TFP 增速,也就是说要在降低投资率的基础上获得更有效率的经济增长。

需要强调的是，中国潜在经济增长率下滑是结构性的，即使有较为充分的改革措施，也只能延缓其下降的速度，而不能阻止这一大趋势。因此，今后中国需要杜绝那种每逢经济增速下滑就大力刺激经济增长的做法。短期的经济刺激政策固然可以提高GDP的增速，甚至可以使之超越潜在经济增长率，但这样的经济增长是以巨大的代价实现的，其所带来的通胀、产能过剩和对落后企业的保护等，都会对经济体的长远、健康、持续发展造成巨大的伤害。从这点上说，我们认为2015年1月李克强总理在达沃斯论坛上发表的观点非常正确，“我们将继续保持战略定力，实施积极的财政政策和稳健的货币政策，不会搞大水漫灌”。

潜在经济增长率下滑而不采用经济刺激政策，那么我们就只能是经济增长的被动接受者吗？当然不是。无论是从历史经验出发，还是观察别国的经验，我们都可以看到，提高TFP是挖掘经济增长潜力的最好办法，而且提高TFP所带来的经济增长是健康的、可持续的，是好的经济增长，是我们所乐见的经济增长。

通过提高TFP来获得持续增长的例子在经济史上笔笔皆是。美国经济学家罗伯特·索洛(Robert Solow)通过研究发现，1909—1949年，美国每人每小时的产出增加了1倍，其中87.5%来自TFP的增长，只有12.5%来自资本投入。另外一位经济学家保罗·萨缪尔森(Paul Samuelson)经过研究得出了相似的结论，1900—1984年，美国每年人均2.2%的经济增长率中，有1.7%来自TFP的增长，TFP增长占所有经济增长的77%。

另外，根据日本经济学家速水佑次郎的研究，1920—1937年，日本的TFP年均增速为1.1%，对经济增长的贡献为48%。但到了1958—

1970 年,上述两个数字已分别变为 4.4%和 54%。日本的数据给了我们一个很大的启示,即在经济增长的早期,经济体可以凭借加大资本投入等方式获得较快的经济增长,但发展到一定阶段后,TFP 对经济增长将发挥决定性的作用。

TFP 既然这么重要,那么我们如何才能提高 TFP 增速呢?

提高 TFP 增速的方法有很多,其中比较重要的就是改进资源配置的效率。首先,农业和非农业之间有较大的生产率差异,因此将劳动力从农业转向非农业可以显著地提升经济效率,这也是过去多年中国提升 TFP 的重要因素;其次,非农各产业之间存在生产率的差异,将包括资本、劳动力等在内的生产要素从效率低的行业转向效率高的行业,可以改善资源配置,获得生产效率的提升;最后,行业内部不同企业之间也有生产率的差异,允许效率高的企业去扩张和发展,淘汰那些效率低的企业,可以提升整个行业的生产效率。

从中国的实际出发,提高 TFP 需要破除种种妨碍资源正常流动的壁垒。例如,户籍制度分割了劳动力市场,提高了农民向市民转变的成本,限制了劳动力的自由流动,这使得一大批劳动力无法及时有效地从农业转向非农业;又如国企与民企,从总体上说,国企的效率不如民企,但国企拥有体制上的优势,占用了大量的社会资源,这使得宝贵的社会资源无法向效率更高的民企流动。

对决策者来说,面对中国经济增长的"新常态",首先需要做到的是不慌张,不在压力下匆忙走上加大投资、提振经济增速的老路;其次要接受潜在经济增长率下滑的现实,不再将 GDP 增速作为目标,而应该将提高 TFP 增速作为抓手,实现经济的可持续、健康、和谐发展,提升民众的生活水平和幸福感。

总而言之，只有抓住通过改革释放红利这一方法，并持之以恒地贯彻，才能提高潜在经济增长率，才能解决人口老龄化的问题，才能解决环境污染的问题。也只有这样，中国经济才能摆脱对短期 GDP 增长的焦虑，从根本上解决经济现代化与发展的问题，顺利迈过中等收入陷阱。

第二章

寻找中国经济发展的“圣杯”

跨越中等收入陷阱

目前社会上有一个词很流行——中等收入陷阱，什么叫中等收入陷阱？这恐怕各家有各家的说法。对这个问题，我们可以先来看看世界银行对不同经济体富裕程度的划分。根据世界银行 2015 年发布的分类标准，人均国民收入（gross national income，一段特定时期本地居民的总体收入，简称 GNI）低于或等于 1025 美元的经济体属于低收入经济体，1026～4035 美元的经济体为中等偏下收入经济体，4036～12475 美元的经济体为中等偏上收入经济体，8255～41925 美元的经济体为高收入经济体。中国 2015 年人均 GNI 为 7930 美元，属于中等偏上收入经济体，在 216 个经济体中排名第 96 位。从数据中可以看到，无论是人均 GNI，还是排名，中国都属于中等水平。换句话说，中国目前可谓是名副其实的中等收入国家。

说过了中等收入，那什么叫中等收入陷阱呢？这个概念其实并不复杂，一个经济在不断的发展中会依次越过不同的阶段，只要不出现长期的经济停滞，那么其最后成为一个高收入经济体的概率是很大的。但在经济史上，我们发现很多经济体发展到一定阶段后就陷入了长期的停滞状况，有的经济体甚至停滞了好几十年。出现这种现象的原因很复杂，但从发展方式上理解，这些经济体由于不能顺利实现经济发展方式的转变，导致经济增长动力不足。这样的国家往往无法在低端产品上与低收入国家竞争,也无法在高端产品上与高收入国家竞争,因此大家把造成这种局面的原因概括为中等收入陷阱。本文要分析的正是中国经济能否跨越这一阶段的问题。

劳动力供求关系逆转

要谈中等收入陷阱,首先我们需要了解一个经济体是如何进入中等收入的。一般来说,一个低收入经济体在发展之初会拥有一些非常明显的竞争力,其中一个就是低廉的劳动力价格。我们以对外贸易和外资企业为例,1978—2016 年,中国 GDP 的年均增速约为 10%。与此同时,中国进出口总额占世界进出口总额的比例从 0.5%增至 10.7%。(2015 年数据)

实际上,从近代经济史中我们可以看到,每一个崛起的经济体都是拥抱全球化的经济体,都是在积极发展对外贸易,进而进入全球的生产链,比如日本、韩国。

中国也不例外,在改革开放早期,中国利用价格低廉的土地、税费优惠和廉价劳动力等竞争优势,吸引了大量的民间和境外投资。外资的进入不但带来了资金,还带来了先进的生产方式和管理方式,这有效地推动了中国经济的发展。就劳动力来说,当时中国农村拥有大量的剩余劳动力,这导致劳动力价格非常低,而且中国的劳动力相对来说效率较高,因此对企业来说性价比很高。

然而,随着经济的发展,情况开始发生变化,其中很重要的一点就是劳动力的增幅下降和用工成本的上升。劳动力增幅的减少与近几十年中国的经济发展和政策变化直接相关,例如城市化、教育水平的提高和养育成本的上升等因素，导致人们生育意愿的下降。除此以外，对于生育率的下降，中国还有一个颇有特色的因素——计划生育。关于计划生育在这里不多谈，但有一点是确定的，在经济高速增长的环境下，劳动力增幅的下降提高了劳动力在求职市场中的博弈能力，这对企业来说是一种压力。在压力面前，企业要么提高效率，吸收这部分成本，甚至用机器人去替代一些过去由人来做的工作；要么转移生产地，迁往成本更低的中国西部地区或越南等东南亚国家；要么只好关厂清铺，拿钱去找新的投资项目。

这样的现象在第二次世界大战后屡见不鲜，比如韩国，1960 年时人均 GDP 为 155.6 美元（如无特别说明，本文中的数据皆以现价美元为单位），但到了 2015 年，这个数字变为 27222 美元，复合增速高达 12%。但随着经济的发展，韩国的劳动力价格越来越高，一些低附加值产业无法在国内存活，只好转向成本更低的国家。1994 年，中国进行了外汇体制改革，人民币一口气贬值 50%，这对出口企业是极大的利好，而且中国庞大的人口似乎拥有不竭的廉价劳动力，因此外商出口企业大量进入中国，中国制造的商品则大量出口。不过韩国等地之前已经完成了经济转型，进入了更高的价值链，因此大量低端出口企业迁至中国对其并没有实质性的影响。

泰国和韩国的例子

这里我们要详解一下泰国和韩国的例子，因为这两个国家在 20 世纪 60 年代同为经济落后国家，但它们的经济状况在此后的几十年发生了一系列富有戏剧性的变化，而这些变化及其背后的原因恰恰是值得当今中国思考的。

先来看泰国的情况。根据世界银行的数据,1960年泰国的GDP和人均GDP分别为27.6亿美元和100.9美元。1960—1993年,泰国GDP和人均GDP的复合增长率分别为12.7%和10%,GDP和人均GDP在1993年分别为1250亿美元和2153美元。

再来对照韩国看,1960年,韩国的GDP和人均GDP分别为38.9亿美元和155.6美元,和泰国基本上处于同一个起跑线。1960—1993年,韩国GDP和人均GDP的复合增长率分别为15.5%和13.5%,GDP和人均GDP在1993年分别为3920亿美元和8869美元,两国已经拉开了差距。

1994年,人民币贬值50%,而当时中国的人均GDP为469美元,只有泰国的22%、韩国的5%,因此在低端制造业上有着巨大的竞争优势。虽然泰国的出口此后还在增长,但增速大不如前,以1994年为中心,1984—1993年的10年间,泰国出口的复合增长率为13.3%,而1994—2003年,该数字降为7.8%。对照看中国,1984—1993年的10年间,中国出口的复合增长率为15%,而1994—2003年,在基数大幅提高的情况下,中国出口的复合增长率不降反升,达到15.4%。

在1997年的亚洲金融危机中,泰国和韩国都受到了沉重的打击。1996年,泰国的GDP和人均GDP分别为1819亿美元和3055美元,但到了1998年,这两个数字已经分别变为1119亿美元和1837美元,前者缩水了38%,后者缩水了40%。

韩国的状况也好不到哪里去。1996年,韩国的GDP和人均GDP分别为6034亿美元和13255美元,但到了1998年,这两个数字已经分别变为3765亿美元和8134美元,前者缩水了38%,后者缩水了39%。

然而，此后两国的发展轨迹出现了显著的不同。泰国的GDP增长缓慢，直到2006年才达到2071亿美元，突破了1996年的1819亿美元，人均GDP也是在2006年才突破1996年的3055美元，达到3143美元。亚洲金融危机在1998年触底，此后泰国和韩国的经济状况都开始反弹，也就是说，泰国用了8年时间才回到1996年的经济发展水平。

再来看韩国的状况，韩国经济在1998年触底后反弹较快，2002年其GDP就超过了1996年的前期高值，人均GDP在2003年超过了1996年的水平。换句话说，假如从1999年开始算，韩国GDP只用了4年就得以恢复，人均GDP用了5年时间得以恢复。

根据世界银行的数据，2013年韩国GDP为13046亿美元，人均GDP为25977美元。2013年泰国GDP为3873亿美元，人均GDP为5779美元。在半个世纪的时间中，韩国从一个经济落后的国家发展为一个发达国家，不仅实现了摆脱贫困的目标，还成功地跨越了中等收入陷阱；泰国虽然实现了脱贫，并一度发展势头良好，但最终困在了中等收入陷阱中，与韩国的差距越拉越大。

有趣的是，当年人均GDP远大于中国的泰国，如今已被中国大幅反超。2015年中国人均GDP为8028美元，泰国为5815美元，中国比泰国多38%，不过这也意味着当年中国对泰国的劳动力成本优势今天已逆转。

在现在的韩国、泰国、中国三国中，韩国已成为名副其实的发达国家。三星电子是苹果公司在全球最强劲的竞争对手，现代汽车已经成为一个全球知名品牌，韩国在造船业上也是实力强劲。另外，韩国的流行文化也非常繁荣，2012年歌手朴载相的《江南Style》曾风靡全球。

泰国近年来经济连续发展，但仍是一个典型的发展中国家。中国自改革开放以来发展迅速,已实现了脱贫的目标,并进入了中等收入国家行列。然而,现在中国经济正面临着一个新的挑战,也是更为棘手的挑战,即跨越中等收入陷阱,进入发达国家行列。

中等收入陷阱

笔者之所以喋喋不休地讲述了泰国和韩国自1960年以来的经济发展状况,就是希望从历史的角度去探讨今天的问题。

经济发展与否的原因非常复杂,不是一个简单的劳动力成本变化就可以解释的。当年中国影响了泰国的出口和经济增长,但这绝对不是造成泰国日后经济一蹶不振的主要原因。一个经济体在成长过程中会遇到许多困难,如何处理这些困难将决定其未来的发展状况。随着经济的发展,过去的优势会消失,那么如何塑造新的竞争优势,并沿着价值链继续向上攀爬,就成了每个经济体所面临的问题。泰国和韩国早期都拥有廉价的劳动力,但当经济发展后,劳动力不再廉价,这时候旧有的模式就不再可行。建立新的竞争优势需要相应的制度条件,假如希望经济在长时间内持续健康发展,那么一些制度就是必要的,例如对产权的有效保护、法治、能高效分配资源的金融体系等。每个经济体都知道应该在这些方面有所作为,但真正所做成的那些部分才会决定其未来的经济状况。

现在,中国那似乎永不枯竭的劳动力开始变少了,每年春节后关于各地招工难的新闻报道满天飞,而且这些劳动力离廉价的距离越来越远。根据媒体报道,新招员工住在条件更好的宿舍里,夏天有空调,冬天有热水,除了一般的薪水外还有红包;等等。要是一些技术要求高的职位，5000元以上的月薪也不一定能找到合适的人。

从这个意义上说，中国正在重复过去泰国和韩国所走过的路。从连篇的新闻报道中看，中国曾经廉价的劳动力正在越来越不廉价。低端制造业的转移不可避免，那么现在的问题是，低端制造业走后，中国还剩什么？什么将支撑中国经济的进一步发展？

现在市场上流行一种观点，即中国的人均GDP离发达国家仍有相当的距离，因此中国的发展空间仍很大，未来经济会保持一种中高速的增长状态。但通过泰国和韩国的例子我们可以清晰地看到，人均GDP的差距只是代表一种发展的可能程度，并不必然代表未来的发展结果。假如真是代表未来的发展结果，那么我们在1993年完全可以说泰国未来的经济增速会超过韩国，因为其人均GDP与发达国家的差距更大。

除了泰国这样陷入中等收入陷阱的国家外，还有人均GDP相对值下滑的国家，比如阿根廷。根据麦迪森项目(Maddison Project)的数据，1900年，阿根廷的人均GDP为2875美元(以1990年的美元计价，本段美元皆使用这一单位)，而当时包括英国、德国、法国、荷兰在内的西欧12国，其人均GDP为3155美元，美国的数字稍高，为4091美元。可以说，在那个年代，阿根廷是标准的发达国家。但到了2010年，阿根廷、西欧12国和美国的人均GDP分别为10256美元、21793美元和30491美元。从数字上看，阿根廷与西欧12国和美国的差距无疑拉大了不少。

在过去的30多年中，中国大量的劳动力从农业转向非农业，仅此一项就可以获得巨大的经济发展。而这也是中国在很多重要领域(例如金融业)并未取得实质性改革的情况下，经济亦可腾飞的原因。现在，中国的劳动力供给态势发生了根本的改变，对中国经济来说，低垂的果实再不改革或者改革不力,可能马上会食尽。企业面临挑战,整个经济也面临挑战。

面对这个挑战,从好的方面来看,中国已经有了一些战胜挑战的资源,例如目前中国的劳动力素质与20世纪80年代相比,已经有了巨大的提高;但中国仍然缺乏一系列基本的制度改革去适应新的经济环境,例如我们的金融系统总体上依然维持着旧有的格局,没有建立一个多层次、高效的金融体系,而一个高效率的金融体系对经济效率的提升和经济的持续发展是至关重要的。换句话说,中国一方面要尽快进行一些制度改革,至少要在近几年制定出制度改革的整体方案,并用10年左右的时间去贯彻这一方案;另一方面也要为企业的转型减压,腾笼换鸟不可避免,也是自然的过程。但假如企业的短期压力过大,出现"旧的去了,新的没来"的现象,那么中国经济将可能面临更大的困难。因此,如何采用一些短期的政策有效地给企业减负,同时尽可能地让这些政策不成为套利者的乐园,是各方需要仔细考虑的一点。

未富先贵

想必读者对“未富先老”这个已经出名的话题是有所闻的，笔者现在要在本文谈另一个关于中国经济的重要话题——未富先贵。这个话题既关系到中国经济能否顺利转型，又关系到中国是否可以跨越中等收入陷阱。就像网上的流行语所言，重要的话要说三遍，这个主题需要好好研究、好好研究、好好研究。

在文章展开之前，笔者需要简单解释一下未富先贵的含义。“未富”的意思就是中国的人均收入还处于较低的水平，人民生活水平未达到发达经济体富裕的程度；“先贵”的含义就是中国的许多生产要素成本快速上升，已经开始损害中国在全球产业链中的地位，并加速降低企业在实体经济中投资和创造就业机会的动力。在进一步论述之前，我们先来看几张图（图 2.1、图 2.2、图 2.3）。

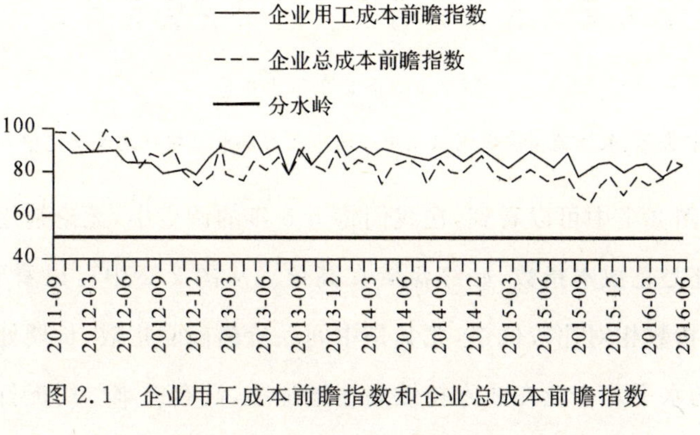

图 2.1　企业用工成本前瞻指数和企业总成本前瞻指数

资料来源：长江商学院案例研究中心与中国经济和可持续发展研究中心。

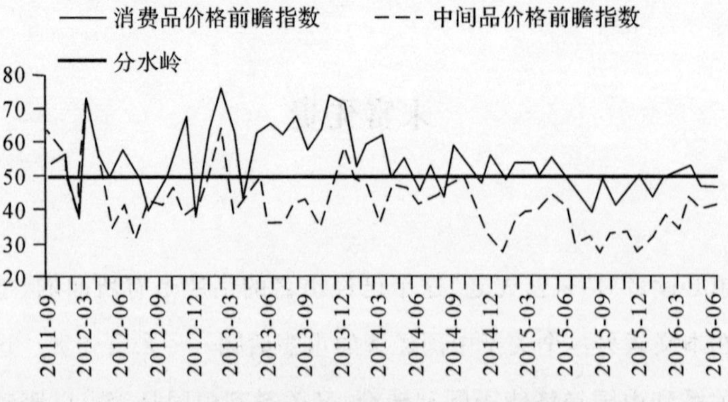

图 2.2　消费品价格前瞻指数和中间品价格前瞻指数

资料来源:长江商学院案例研究中心与中国经济和可持续发展研究中心。

图 2.3　企业竞争力指数

资料来源:长江商学院案例研究中心与中国经济和可持续发展研究中心。

从图 2.1 中可以看到,在我们将近 5 年的调查中,无论是用工成本指数,还是总成本指数,始终盘旋在高位。从图 2.2 中可以看到,价格方面的指数相对比较低迷,尤其是中间品价格前瞻指数,长期处于远低于 50 的水平。企业在成本持续高速增加中,没有或难以用提价的方式将成本端的压力转嫁给下游企业或消费者。图 2.3 代表的是企业的素质，在问卷中长江商学院的研究人员询问了企业在所涉行业中的状况，即受访企业与所在行业的整体状况相比，是更好、更差，还是差不多。该指数越高，代表样本企业超过行业整体状况的比例越高。从图中可以看到，样本企业的整体状况是高于行业平均水平的。但反过来说，如果各行各业的佼佼者都处于温水煮青蛙的状态，行业的整体状况应该会更加让人担忧。

长江商学院的校友企业主要是一些民营企业，这些企业面临着成本上升、价格低迷的状况，这意味着企业无法通过涨价的方式将压力向下游传导。为什么会出现这样的局面呢？

产能过剩的背后

时下经济界有一个非常热门的话题，就是产能过剩。2015 年年底的中央经济会议强调，"在适度扩大总需求的同时，去产能、去库存、去杠杆、降成本、补短板"。《人民日报》2016 年 5 月的文章《开局首季问大势——权威人士谈当前中国经济》中有 6 次提到了产能过剩，这 6 次相关的内容要么是在描述产能过剩，要么是在表达消除产能过剩的意愿。由此可见，最高决策层对这个问题相当重视，甚至将其看作经济结构调整的首要问题。

然而，笔者准备换一个角度来阐述产能过剩的问题。首先，为什么会有产能过剩？从经济学的基本原理出发，在有效市场中各行业商品供给和需求的均衡是依靠市场价格来调节的，当需求不变、供给增多的时候，市场价格就会下降，这时候供给侧会因为价格下降而减少产量，同时需求侧也会因为价格下降而增加购买量,直到市场达到新的均衡;反过来亦然,当供给不变、需求增多的时候,市场价格会上升,这时候供给侧会因为价格上升而增加产量,同时需求侧也会因为价格下降而减少购买量,直到市场达到新的均衡。

在市场经济中,价格信号发挥着调整生产与消费关系的作用。套到产能过剩的问题上,产能过剩应该会带来价格下降,由此来引导供给侧去库存、去产能、去供给。但我们没有看到这样的事情发生,相反,我们看到的是长时间的产能过剩与价格缺乏较大幅度下行的弹性。

这就引出了第二个问题,是什么因素在阻碍价格信号发挥作用?实际上,在笔者看来,产能过剩的背后是一个刚性成本(指无法或很难调整的成本)无法调整的问题。换句话说,产能过剩意味着大量的产品以成本价都卖不出去。过剩的产能不能及时按照市场规律加以清除,企业生产成本无法下降,价格又没有大幅度的下降,社会对各行业产品的需求因为价格依然高企(特别是和国外同类商品相比)而没有大幅上升,结果价格调节供需的作用被削弱。

这种状况实际上已经引起了很多人的重视。例如前文所提到的权威人士就曾明确表示,“依靠过剩产能支撑的短期经济增长不仅不可持续,而且承受的痛苦比去掉这些产能要更大、痛的时间会更长”。

哪些刚性成本?

前文笔者已经述及了产能过剩背后的问题在于生产成本无法有效降低,但为什么会出现这样的情况呢?产能过剩会导致企业对生产要素的需求下滑,这样一来生产要素的价格也会跟着下滑,从而给产能过剩行业带来价格下降的空间。然而，现实并非完全如此。下面我们来看看到底哪些生产要素的成本难以调整。

首先，大宗商品价格。近年来，包括石油在内的大宗商品出现了价格大幅度的下滑，这对中国企业的运营无疑是一个巨大的利好。企业对能源和原材料的需求经常存在短期刚性的特点。举例来说，石油价格上升导致航空燃油价格上升，航空公司的运营成本无疑会升高，但在短期内，航空公司很难通过快速减少航班来降低成本。反过来说，石油价格和航空燃油价格的下滑必然会在短期内降低航空公司的成本，提升其利润。由于种种原因，包括中国经济增速在近几年较大幅度的减缓和市场对中国经济在不久的将来是否会返回高速增长信心不足，全球大宗商品价格从2013年的高位大幅降至目前的水平。由于我国是大宗商品的净进口国，其价格大幅下跌改善了中国的国际贸易条件（出口商品和进口商品的比价），对中国企业减低运营成本、化解产能过剩无疑是有好处的。因此，笔者认为中国企业应该抓住这个机会尽快消除产能过剩。假如未来大宗商品价格重新上涨，那么届时调整的难度也必将上升。

从长期来看，笔者认为作为生产资料之一的大宗商品不存在刚性成本无法调整的问题。首先，大宗商品是贸易商品，它们的市场是全球化的。其次，中国虽然是很多大宗商品最大的需求国，其经济走势和政策也会对大宗商品的定价有一定的影响，但中国政府或企业基本上没有边际定价权。图2.4的数据表明，大宗商品在全球市场的价格波动率较大，当市场达成产能过剩共识的时候，大宗商品价格通常会大幅下降，用价格信号逼迫高成本的供应商冰封产能。这样一来，大宗商品价格在市场回归长期均衡时，上涨一般会成为大概率事件。

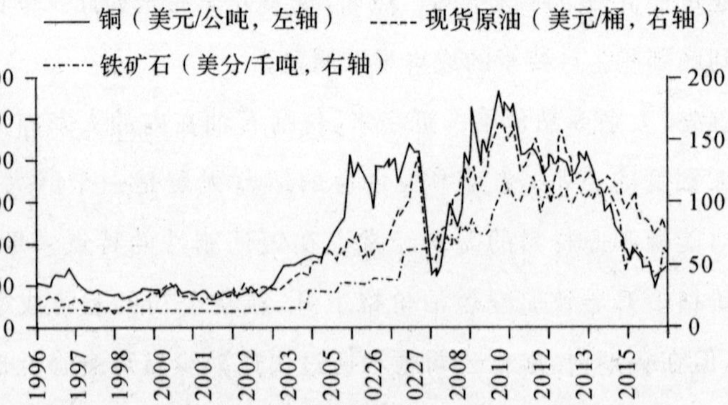

图 2.4　铜、现货原油和铁矿石价格

资料来源:Wind 资讯。

这里笔者也想顺带讲下另外一个值得研究的问题。我们从 2011 年 9 月开始收集长江校友企业的经营状况数据,其间中间品的价格一直在下跌,这和国家统计局发布的生产者物价指数(PPI)在走势上是一致的。生产者物价指数近几年紧缩的成因有几分归功于全球大宗商品价格的大幅下跌?假如大宗商品价格下跌是一个重要而不能忽略的因素,那么当大宗商品价格回升的时候,中国经济能有效避免滞胀吗?滞胀就是经济增长速度显著低于潜在增长率,并伴随着通货膨胀,这会让宏观调控政策陷入两难境地!

这个问题很重要,留待以后讨论,我们还是先回到本节的主题上。和大宗商品不同,其他的生产资料(土地、人力和资本)或多或少地存在刚性成本难以调整的问题。这三大生产资料虽然各有特性,不能一视同仁,但和大宗商品相比也有一个重要的共同特征,即它们都是非贸易品,跨境流动都或多或少受到制约。土地,受制于自然限制,即便是可以进行产权交易而易主,也不能改变其地理位置。人力,受制于移民政策和劳工法规，跨国流动相当困难。在我国户籍、社保和教育等体制下，跨省、跨市流动都会碰壁或受阻。与国企相比，中小民营企业在为员工申请户籍迁移等方面也处于弱势地位。资本在境内的流动已经相当通畅，但出入境还受到资本账户监管的限制。另外，由于体制上的原因，信贷市场和银行机构相信国企和大型企业有刚性兑付[①]的预算软约束[②]，因此机构和审批信贷的负责人一般认为他们为中小民营企业融资必须承担更高的违约风险和个人连带责任。民营企业和国有企业在人力资源市场和资本市场上明显处于不同的地位。

总之，这三大生产资料的市场受到自然和体制的制约和分割，其有效市场的覆盖面是分区域的，而不是全球的；是按企业所有制属性和企业规模分割的，而不是一体化的。因为这三大生产资料市场还有待进一步发展和完善，本节讨论的重点是这三大生产资料的刚性成本问题。

我们先看土地市场和土地使用成本。由于中国在土地制度上的一系列安排，土地成了地方政府重要的财源。土地出让金可以直接增加政府的收入，土地也可以作为抵押品让地方政府去获取贷款。因此，地方政府维护高地价几乎是本能的反应。

2016 年 6 月中旬，湖北省副省长曹广晶表示，“过去我们担心房地产价格上涨，今天更应该担心房地产价格下跌。泡沫一旦破裂，银行贷款的重要基础垮了，后果很严重，甚至会引发金融危机，这比单个企业

① 刚性兑付原是指信托产品到期后，信托公司必须分配给投资者本金以及收益，当信托计划出现不能如期兑付或者兑付困难时，信托公司需要兜底处理。这种做法渐渐扩大至银行理财产品等领域，使投资者忽略了投资品的风险。

② 预算软约束是指当一个经济组织遇到财务上的困境时，借助外部组织的帮助得以继续生存的一种经济现象。

甚至单个行业的危机要严重得多”。

然而,高地价不仅推高了房价,也推高了企业使用土地的租赁成本,抬高了企业的生产成本,这对企业的长远发展是不利的,而一个国家的经济发展正是由一个个企业的发展构成的。2016 年 5 月,华为总裁任正非在接受新华社采访时明确表示,“现在土地越来越少、越来越贵,产业成长的可能空间就会越来越小。既然要发展大工业、引导大工业,就要算一算大工业需要的要素是什么,这个要素在全世界是怎么平均的,算一算每平方公里承载了多少产值,这些产值需要多少人,这些人要有住房、要有生活设施。生活设施太贵了,企业就承载不起;生产成本太高了,工业就发展不起来”。

对于现在的中国来说,高地价的受益者是地方政府、房地产开发商和炒房者等群体,受害者则是企业和没有炒房的人等群体。中国的高地价实际上是以牺牲竞争力为代价的,这样做是否合适?

谈过了土地价格,笔者再来谈谈劳工成本中社保缴费的问题。社保在有的地方是“三险一金”(养老保险、失业保险、医疗保险和住房公积金),有的地方是“五险一金”(除三险一金,再加上工伤保险和生育保险),但无论是多少项,这都是政府向企业和劳动者征收的税收,用于支付在职、失业、离退休相关人员的社会保险和基本生活保障。在一般人的印象中,社保是政府对国民生活的保障,是件大好事,这也是笔者在学术论文和研讨会上曾经倡导的公共政策改革之一。但假如我们进一步分析,就会发现魔鬼在细节中。社保和其他许多重要的公共政策类似,不是越多越好或越大越好,而是要把握住分寸。太少,最低保障就太低,有损社会公平;太多,缴费负担就太重,有损经济效率。

2016 年 5 月下旬,中国改革基金会国民经济研究所副所长王小鲁表示，现在总体而言，一个企业如果要给工人“五险一金”都上满的话，至少相当于工资总额的50%，光算“五险”也得40%左右，这对很多企业来说是很沉重的负担。

也许有人会说，羊毛出在羊身上，社保收集上来的钱最终都会用到国民身上，北欧国家就是重税收、重福利的代表。但和所有税收一样，社保缴费也会带来价格扭曲，降低经济的运营效率。即使是高福利的北欧国家，其社保缴费率也是低于中国的。根据清华大学白重恩教授提供的资料，在中国，“五险”加起来大概是工资的40%，其中养老保险缴费率是28%。北欧国家没有一个超过中国，以瑞典为例，其养老保险的缴费率是18%。

事实上，全世界仅有七八个国家的养老保险缴费率超过中国，这些国家绝大部分都和中国一样，是从计划经济转型而来的国家，例如匈牙利和拉脱维亚。为什么这些转型国家会有高比例的养老保险率？原因之一在于这些国家过去有很多国有企业，这些企业在转型过程中将很多职工推向了社会，但这些长期生活在社会主义制度下的下岗职工过去没有积累，因此政府用高比例的养老保险率来解决这个问题。这么高的缴费率就像一个税，抬高了企业的劳动力成本，损害它们在国际市场上的竞争力。

需要注意的是，匈牙利和拉脱维亚都属于高收入国家。根据世界银行的数据，以现价美元衡量，匈牙利和拉脱维亚2015年的人均GDP分别为12364美元和13649美元，而中国的同期人均GDP为8028美元。换句话说，匈牙利和拉脱维亚属于富裕而缴费高，中国则属于“未富”而缴费高。

除了土地和社保以外，融资也是一个大问题。

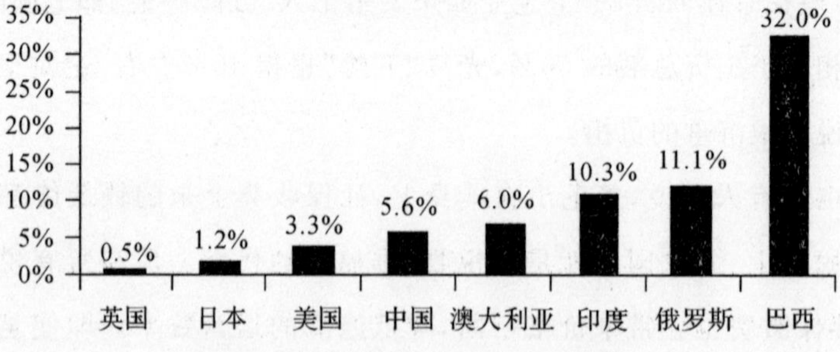

图 2.5　2014 年部分国家的借款利率

资料来源:世界银行。

从图 2.5 中可以看到,中国的(官方)借款利率低于巴西、俄罗斯等国,但高于美国、英国、日本等发达国家。但如果我们看民营企业的边际借贷利率,也就是我国的民间借贷利率(图 2.6),我国和巴西的差距就大大缩小了。

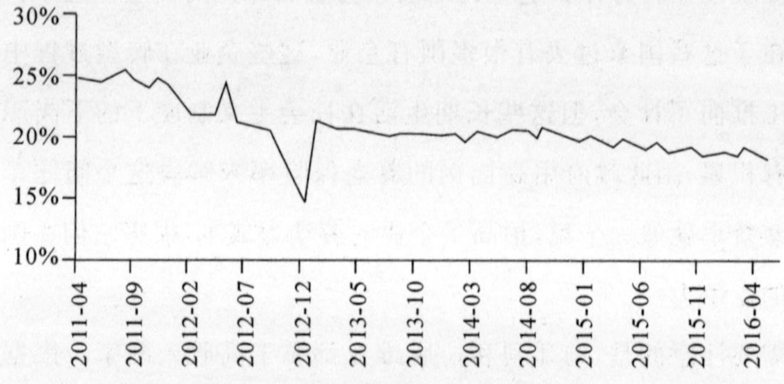

图 2.6　温州民间借贷综合利率

资料来源:Wind 资讯。

这是一个难以解释的现象。首先,中国的国内储蓄率接近 50%。根据世界银行的数据,公布的 2014 年国内储蓄率的经济体共有 136 个,中国名列第 3 名(49%),仅比中国澳门(57%)和卡塔尔(58%)

低。而在和一些大经济体的对比中，中国的国内储蓄率就有点高处不胜寒了（图 2.7）。

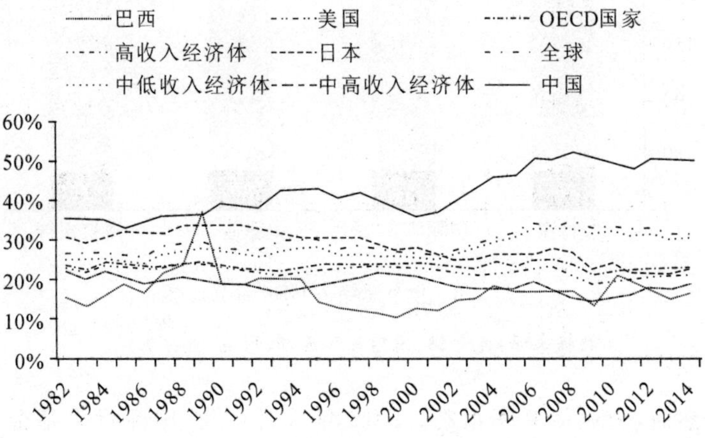

图 2.7　各经济体国内储率率

资料来源：世界银行。

储蓄就是可贷资金的供给，有这么多的供给，资金的价格（市场利率）是不是应该便宜点呢？虽然我们不能奢望它成为全球最低，但它也不应该比那些不善于存钱的友邦们高出很多吧？当然，好心的朋友们会提醒：是不是还需要看看可贷资金的需求侧？

首先，无论是政府，还是居民，其债务率都不高。图 2.8 是国外一些机构对 2014 年中国债务结构的估算，其数值是债务总额占 GDP 的百分比。

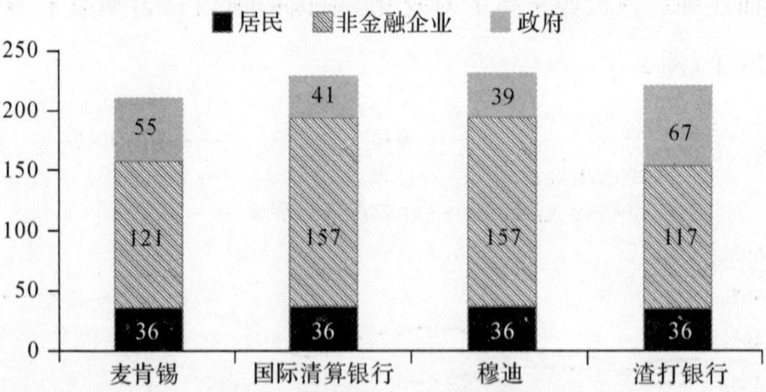

图 2.8 债务总额占 GDP 百分比

数据来源:麦肯锡、国际清算银行、穆迪、渣打银行。

然而,企业债务率很高。2016 年 6 月中旬,国际货币基金组织(IMF)第一副总裁戴维·利普顿(David Lipton)在深圳指出,中国的企业债务总额约占 GDP 的 145%,不管以何种标准来衡量都非常高。也就是说,其实我们企业对可贷资金的需求很大,是哪种类型的企业在借钱呢?根据 IMF 的计算,国有企业约占企业债务的 55%,这个比例远远高于其占经济产出的比例——22%,这些企业的盈利能力也远远不及民营企业。

在经济增长放缓的背景下,企业盈利下降,债务上升,这严重削弱了企业在支付供应商以及偿还其贷款方面的能力,盈利能力较低的国有企业获得了更多的资金支持,而且国企所获资金的成本多低于民企。根据 IMF 在 2016 年 4 月 13 日发布的《全球金融稳定报告》中的估计,中国银行业的企业贷款的潜在损失大约相当于 GDP 的 7%。这还只是一个基于不良贷款回收率的某些假设的保守估计,其中不包括影子银行体系的潜在问题的暴露。

其实，长江商学院校友企业的数据也说明了这点。

长江商学院的校友企业主要是一些中小规模的民营企业，而且这些企业的业绩普遍好于行业平均水平。但从图 2.9 中可以清晰地看到，这些企业的融资环境在绝大多数时候都是低于 50 的，这意味着它们存在融资难和成本高的问题。

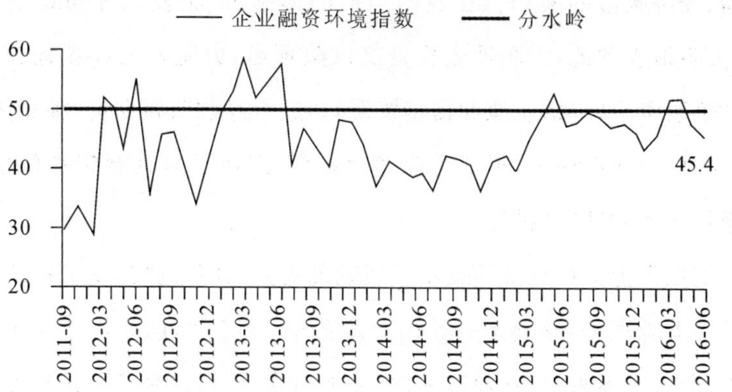

图 2.9　企业融资环境指数

资料来源：长江商学院案例研究中心与中国经济和可持续发展研究中心。

最后，劳动力市场的一些问题也对产能过剩有影响。说实在话，这个问题是存在已久的老大难了，每隔一段时间就会明显发作一次，给经济带来负面影响。实际上这个问题并不复杂，在市场经济中，产能过剩就导致产能缩减，这时候裁员就必不可免。但中国的问题在于，政府出于稳定就业和减少群体性事件等方面的原因，对低效企业不断输血以维持这些企业的就业，国企在这方面表现得尤为明显。

2008 年在美国率先爆发全球性金融危机后，决策者和经济学界一致认为对于大而不能倒的金融机构要加强宏观审慎监管，加强内部风险管理，防止它们在经营业务中积累过高的流动性和信用风险，同时保持较高的资本充足率。

在我国,不仅大型金融机构因为其系统性风险而不能倒,中型和大型的非金融企业也可能因为各级政府在稳定压倒一切的问责机制下,而成为当地大而不能倒的企业。中国企业界普遍存在做大的情结,笔者不禁要问,这种情结有几分是因为大而不能倒对大股东来说有超常政治、经济收益的考虑?在我国当前的体制下,企业大才可以有恃无恐,大胆地去拿地,大胆地去投资高风险项目,大胆地去要挟地方官员为其争取资源(包括土地和信贷资源)。这个问题值得研究、值得关注。

在外力的作用下,很多企业僵而不死,造成了对社会资源的浪费,阻碍了经济的健康发展。

权威人士也在这方面提出了明确的观点,他认为"这次产能过剩带来的一大教训是,距离上一轮国企改革 10 多年后,国企人浮于事仍很严重,职工下不来、裁不掉",因此"必须明确,依靠过剩产能支撑的短期经济增长不仅不可持续,而且承受的痛苦比去掉这些产能要更大、痛的时间要更长。比如,一些产能过剩领域的企业,亏损加大,拖欠的工资增多,银行很痛苦,职工也很痛苦,而且越拖越痛苦。怎么办?长痛不如短痛。对这些企业进行清盘,既可以释放出土地、信贷等稀缺资源,也使这些企业的职工在纳入社保、接受培训后走上新岗位、看到新希望"。

过去我们经常说中国是"世界工厂",而成就这种景象的原因在相当程度上是靠着中国企业的低成本劳动力。但经过了多年的发展,中国虽然实现了人均 GDP 的快速发展,但大家可能忽视的是,中国的劳动力成本上升得更快。这方面单位劳动成本(unit labour cost,简称 ULC)是一个不错的指标,因为这个指标衡量的是每单位产出所需要的人力投入。图 2.10 是经济学人智库(economist intelligence unit,简称 EIU)关于部分国家的 ULC 数据。很明显,1997 年中国的 ULC 最低,但到了 2015 年,中国在这些国家中已变为第一。

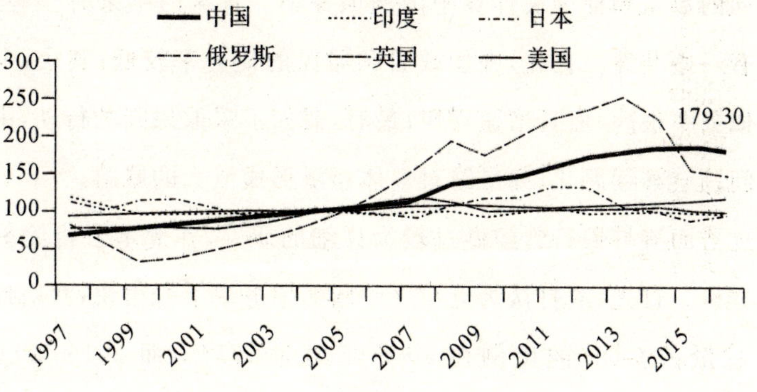

图 2.10 部分国家 ULC 数据

资料来源:EIU。

债务难题

产能过剩,成本高昂,这种状况只能导致一个结果——产生债务难题。

成本高昂的企业缺乏竞争力,本应倒闭,但出于种种原因,政府不愿看到这种局面的发生,因此通过银行贷款等方式不断向这些企业输血。这些企业获得资金支持后继续生产,这使得产能过剩的局面无法获得实质性的改善。这些企业大量地占有资金,结果对效率更高的民企形成了挤出效应。这是中国在储蓄率很高的前提下,民营企业还面临融资难和融资成本高的一个重要因素。这种资金上的错配无疑会形成债务快速上升的问题,而这对整个经济的伤害是非常严重的。

近几年来,关于中国债务率的话题比较热,国内外的许多机构都根据不同的数据和标准去计算中国的债务率。各家的结果有一些差别,但也有一些共性。首先,中国政府和居民的债务率较低;其次,中国企业的债务率很高,而且增速很快;最后,假如不采取果断的行动,中国的债务问题会继续恶化,并最终对整体经济形成巨大的威胁。

这方面渣打银行曾经做过较为详细的研究,在此笔者将简单地引述其分析。首先,渣打认为近年来中国的债务率上升很快,其估计中国债务总量占 GDP 的比例在 2008 年约为 175%,而 2015 年已达约 250%。其次,企业部门的债务问题令人忧心。根据渣打的计算,2015 年年底中国非金融企业债务的 GDP 占比达 122%,为新兴经济体中最高水平。另据 2014 年贷款数据,国企贷款占中国企业贷款总量的 48%,占中国贷款总量的 30%,这意味着国企债务的 GDP 占比达 50%~60%。

渣打对中国未来的债务发展做了三种不同情形的预测。

第一,局部改革。在这种情形下,由于债务负担沉重,经济调整不够充分,虽有部分僵尸企业关闭,但还有大量的低效国企继续经营。到 2020 年,中国的债务率可能高达 300%。在这一情形下,2021—2025 年间,GDP 平均增速可能从 2016—2020 年间的 6.6%减慢至 5.8%。

第二,快速改革国有企业和银行业。渣打认为,在这一最佳情形下,2020 年整体债务率可能保持在 270%以下。达到这一结果需要进行的主要改革包括:(1)处置或高达 GDP 比重 10%的不良贷款;(2) 关闭僵尸企业；(3)对国企实施预算硬约束[①]；(4)改进银行贷款审批标准，推进股市、债市纵深发展；(5)调整宏观政策组合，转向较低信贷增长和较高预算赤字。在此情形下，2021—2025年间的平均GDP增长可能小幅下降至6.2%。

第三，不推进改革。在这种糟糕的情形中，到2020年债务率将突破330%。在此情形下，由于惩罚性高债务和经济调整的缺失(僵尸企业继续经营、借贷)，2021—2025年的平均GDP增速可能急剧降到5%以下。

渣打还给出了其估计出现三种情况的概率，分别是60%、20%和20%。很明显，渣打采取了一个折中的立场。

但戴维·利普顿先生则远没有那么客气，他对中国的债务问题提出了三点建议。

首先，迅速采取有效行动，否则问题只会恶化。今天的企业债务问题可能成为明日的系统性债务问题。系统性债务问题可能会导致经济增长进一步放缓，或者出现银行业危机，或者两者都出现。

其次，在采取行动时，确保同时清理债权人和债务人的问题。有些国家把重点放在治理银行(债权人)上，将不良贷款从银行资产负债表上移除，并对银行进行资本重组，但并没有重组有问题的企业，结果企业依旧大面积亏损。另外一些国家则把重点放在治理有问题的企业上，对企业规模进行缩减，或允许其破产，但问题就交给了银行，导致银行坏账大增，资本充足率下降到不达标。要想实质性地解决问题，一定

① 这是一种与预算软约束相反的情形，就是我们平时所说的优胜劣汰的市场机制，即经济组织的一切活动都以自身拥有的资源约束为限。换句话说，预算硬约束下的企业自负盈亏，当企业资不抵债的时候需要破产。

要双管齐下,同时治理银行和企业。

最后,在修复企业和银行的资产负债表时,解决企业和银行部门最初催生危机的体制和治理问题。否则,缩小债务泡沫只会带来暂时的效果。如果不必要的借贷死灰复燃,那么新的债务泡沫肯定会被重新吹大。

日本教训

忘记历史一定会重蹈覆辙。

笔者认为在经济发展的诸多方面,中国可以从日本的历史中学到不少东西。

在第二次世界大战后,日本经济实现了长达数十年的高速发展。进入20世纪80年代后,日本经济开始逐渐步入全盛期,经济体量庞大,房价高企,证券市场火热,日本企业在全球展开了大规模的收购行动(图2.11)。

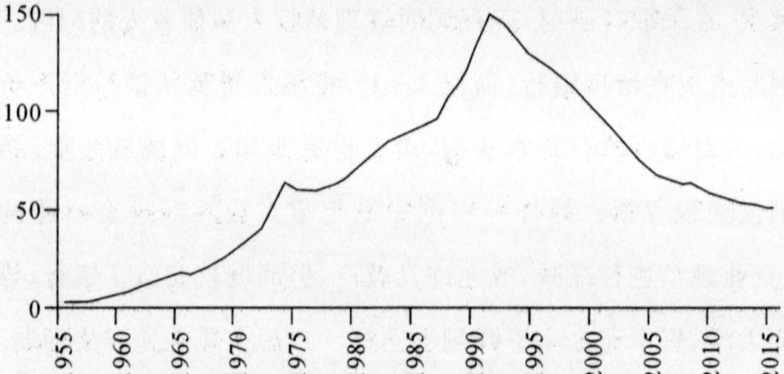

图2.11 日本城市土地价格指数

资料来源:Wind资讯。

然而，在一片繁荣之下，危机逐渐降临了。高房价等因素开始削弱日本的竞争优势，日本制造的成本出现大幅上升。这种局面在持续数年之后开始发生变化，全世界终于认识到，日本的泡沫经济开始破灭了（图 2.12）。

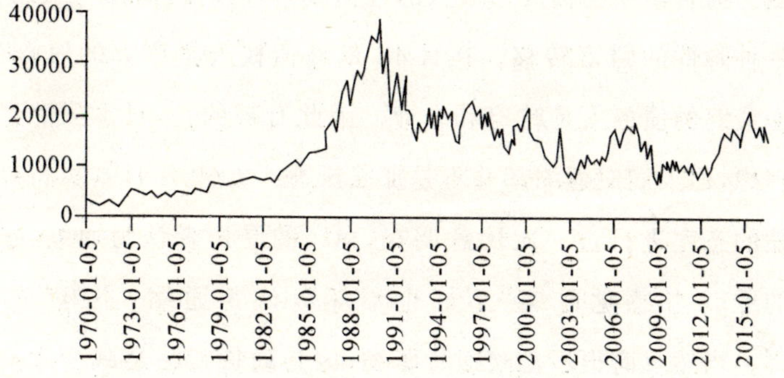

图 2.12　东京日经 225 指数

资料来源：Wind 资讯。

可惜的是，日本当局和企业界并未采取果断的措施来消除经济中的顽疾。相反，它们采取了很多决策者都会采取的态度——鸵鸟政策。金融机构继续为那些僵尸企业提供资金，这导致这些企业就像蚂蟥附在人体上一样，不断吸食着日本经济的鲜血，阻碍着日本经济的进一步发展。结果，日本经济开始出现通缩。时至今日，这种通缩的局面仍未结束。

2016 年发生的一件事非常形象地说明了日本的通缩问题。由于长期的通缩，涨价在日本是可以登上新闻的稀奇事情。根据《纽约时报》在 2016 年 5 月的报道，一家冰淇淋公司将自己的一种产品从 60 日元/支调整到了 70 日元/支。为此，这家公司的员工和管理层在电视上刊登了一则广告。在这则广告中，员工和管理层在东京郊区的工厂门前整齐站立着,伴随着轻柔的民谣音乐,他们一起躬身向消费者道歉。

不过从反方向说,通缩其实是经济自我调整、自我修复的机制。如果日元不能大幅度贬值,日本降低成本、消化过剩产能的唯一途径就是坐等物价下跌。那么为什么经济学界和日本政府害怕通货紧缩呢?主要是因为通货紧缩会提高债务人的还债成本,同时提高债权人的收益,这是一种隐性的财富转移。在日本,最终债权人是广大的民众(储蓄者),而最终的债务人是政府和企业。因此有趣的是,日本虽然经济发展不理想,但人们对通缩却并不是那么厌恶。2009 年日本央行就民众对通缩的态度进行过一次民意调查,44%的受访者认为通缩“很好”,35%的受访者感觉通缩“不好也不坏”,认为通缩“不好”的只有20.7%。当然政府很不喜欢通货紧缩,因为通货紧缩会减少政府未来的名义税收,但它又必须为购买其国债的固定收益投资人还本付息。国债,对于储户(投资人)来说是固定收益类资产,对于政府来说则是固定成本类负债。用缩水的税收去支付固定的支出,政府不紧张那才奇怪了。这就是为什么安倍政府一方面在大力度地推宏观刺激政策,另一方面又打算提高消费税。矛盾吧?日本的经验教训值得研究、值得深思。

未富先贵

日本的部分经历可以作为中国当下的参考,但中国和日本有一个非常大的不同,即日本经济泡沫破灭、发生通缩时,其已经是一个非常富裕的国家了;而中国目前面临着诸多的结构性问题,中国远未达到富裕的程度。

假如以 2005 年的美元不变价衡量，日、美、中三国的人均 GDP 历史走势为图 2.13。

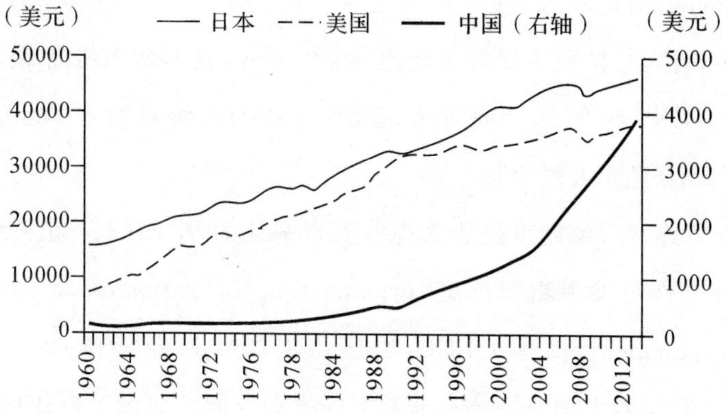

图 2.13　日本、美国、中国三国人均 GDP 历史走势

资料来源：世界银行。

请注意，由于中国的数据与日、美差距太大，因此中国的数据应该看右轴。

虽然日本经济多年来不景气，但日本已经是一个发达而富裕的国家，人民生活水平很高。相对来说，中国近年来发展很快，但与世界先进水平相比，仍有较大的差距。在这种水平上发生金融危机和经济增速显著放缓的国家在近代史上比比皆是，换句话说，中国未来发展为高收入国家并不是板上钉钉的事情。

不过事情也需两面来看，这方面麦肯锡全球研究院 2016 年 6 月的一份报告可以给我们带来不少的启示。在这份名为“中国的选择：抓住 5 万亿美元的生产力机遇”的报告中，作者认为近年来中国面临着诸多的困难和挑战——GDP 增速放缓、负债率攀升、企业业绩下滑。但通过投资主导型增长模式向生产力主导型增长模式的转变，中国经济可以度过当前的困境,并且实现经济的可持续增长和家庭收入的增加。

那么中国应该怎么做呢?麦肯锡的答案很简单:果断转向以生产力为核心的增长模式,确保资金流向生产力增长和可持续就业领域。麦肯锡相信,与投资主导模式相比,到2030年,这一转型将新增5.6万亿美元GDP(约合36万亿元人民币),家庭收入将新增5.1万亿美元(约合33万亿元人民币)。

麦肯锡背后的逻辑是什么呢?麦肯锡认为,中国的劳动生产率只有经济合作与发展组织国家(organisation for economic co-operation and development,简称OECD,成员均为高收入经济体)的15%~30%,这意味着中国经济还有非常大的发展空间。而为了抓住机遇、实现生产率的增长,中国需要进行系统性的改革,例如鼓励更多行业的竞争、有序推进企业的重组、提高资本市场的效率等。

实际上,麦肯锡的观点与目前流行的观点差距不大。从经济学的角度来说,采取这些措施的目的就是要让中国企业的产出上去、成本下来。为了实现这一点,我们需要做出一系列的改革。

比如,能否打破地方政府对土地的垄断,让土地价格随市场的供需而波动,而这很可能会有效地降低地价。

又如,社保的缴费率那么高,能否降低一点?假如出现窟窿,我们首先可以依靠政府"节食"来解决问题。根据王小鲁的研究,2014年中国政府的固定资产投资是16.4万亿元,占了GDP的25%。政府的行政管理支出超过财政支出的25%。其次,我们还有庞大的国有资产。根据国资委的数据,2015年年末,国有企业资产总额为1192048.8亿元,所有者权益合计401378.2亿元。需要注意的是,这些国有企业是不包括金融企业的。根据公开资料,截至2014年,控股多家金融企业的中央汇金公司，其总资产为 31882.12 亿元，所有者权益为 30275.84 亿元，净利润为 4978.95 亿元。而中央汇金公司只是控制部分金融企业，中国还有相当部分的金融资产状况并未披露。看看国有资产的数据，也许你就会觉得降低社保缴费率并非那么困难。

那融资成本呢？现在很多国有企业经营效率低下，为了维持其生存，金融机构给予了它们大量的资金，但由于业绩不佳，这些贷款很难归还，很多时候演变为借新还旧或者干脆对这些贷款展期。金融机构向经济体中注入了那么多的资金，但民企的融资问题依然未获实质性改善，这说明那些僵尸企业（很多是国企）占据了太多的资金。假如这些资金可以更多地分配给民企，有效地降低其资金成本，那不但可以为企业减负，也会间接地提高企业的产出。

最后是劳动力问题。我们的政府经常希望通过信贷等政策去维持僵尸企业的生存，从而稳定就业。但在市场经济中，裁员是不可避免的。企业会根据经营情况去决定雇佣多少人，假如硬性地干预企业的用人政策，那么一定会升高企业的成本，削弱企业的竞争力。实际上，我们完全可以通过完善社保的政策去为劳工的生活托底。也就是说，允许企业自由决定其用人政策，同时维持劳工的基本生活水平，打破劳工的铁饭碗，但不要让其碗里空着。

实际上，说一千道一万，笔者认为这些想法的背后有一个实质性的观点，就是改变目前政府和市场的关系。长久以来，中国是一个重政府、轻市场的国家，政府拥有很大的权力，对市场则怀有深刻的不信任。但从历史上看，每一个步入高收入国家行列的经济体，无一不是让市场唱主角。中国改革开放近 40 年的发展也说明，有序的国退民进是创造财富的有效路径。因此，要在未来几十年继续实现中高速度的经济增长,政府需要深刻改革。

在笔者看来,未来的改革首先需要的是政府功能的转型。政府目前对经济运行有诸多干涉,但政府同时又是经济政策的制定者,这就造成了一个问题——既是运动员,又是裁判员,这其中的利益冲突之大是很难营造一个公平竞争的市场环境的。而且这产生了一个有趣的现象,就是中国政府是一个赚钱的政府。政府参与经济活动赚钱,就很可能会扰乱经济秩序,这样的做法既有失公平,也损害效率。

笔者认为政府应逐步从微观经济中撤退,让国有企业逐步退出非自然垄断性的产业,最终保留下来的国有企业应该以提供私营企业难以有效提供的公共产品和服务为目标,非自然垄断性的产业可以开放给私营企业去百花齐放、百家争鸣。相信这样的做法不但可以有效地为企业减负,降低其运营成本,而且有利于民富国安。

总而言之,笔者认为中国有未富先贵的危险,但这也没什么可怕的。只要社会各界凝聚共识,共同建设一个有所为、有所不为的政府以及一个公平、有序的市场,那么中国经济的未来一定是一条光明大道。

中国经济发展原动力

近年来中国经济的增速不断下滑，这引起了各界人士的关注。经济增速下滑的原因较为复杂，其中有一点是今日的中国经济已具有较大的规模，实现高速增长的目标变得日益困难。例如根据世界银行的数据，2007 年和 2015 年中国的 GDP 增速分别为 14.2%和 6.9%，前者的增速几乎是后者的 2 倍，但从增量来说，前者和后者分别为 5727 亿美元和 5762 亿美元(以 2010 年美元计价)，两者不相上下。换句话说，随着经济规模的扩大，更低的增速可以带来更大的经济增量。从这点来说，中国经济的增速下滑也可以视为一种经济发展成功的副产品，是一种幸福的烦恼。

经济发展的三大原因

中国经济高速增长了近 40 年，现在已经是全球第二大经济体，那么中国到底是如何实现这种跨越式经济发展的呢？关于中国经济为什么自 1978 年之后出现高速增长的原因，各界人士有很多不同的解释，这些解释角度不同，甚至互相对立，不过囿于篇幅，笔者这里不再复述这些观点。

在笔者看来，过去 30 多年中国经济发展的原因主要来自三点：放权、让利和对外开放。那么这三点是什么意思呢？要解释这三点，就需要了解实行这些政策之前中国的政治经济制度是如何运转的。

先说放权领域。1949年之后，中国工商业逐步国有化，农业逐步集体化，私营经济在全国范围内被禁止。在农村，包产到户①被视为“大毒草”，农民只能在集体中劳作，靠记工分②生活，这导致大量农民在生产时“出工不出力”，劳动效率低下。

再说让利领域。中华人民共和国成立后政府垄断了绝大部分的非农经济活动，无论是重工业、轻工业、金融业，还是批发业、零售业，国有企业都是一统天下。在农村，农民被政策固定在土地上，几乎所有的重大决策都由集体说了算。这种局面导致国家死死地控制了几乎所有的经济活动，并从中取得了大量的收入，比如国有企业的收入要上交国家，“剪刀差”③则使得国家从农民身上获得了发展工业的资金。

最后是对外开放领域。中华人民共和国成立初期我国外交政策的主要核心就是“打扫干净屋子再请客”“另起炉灶”和“一边倒”。这些词语是形象的比喻，其具体含义就是清除帝国主义的在华利益，不承认国民党政府与各国建立的旧外交关系，在外交上倒向社会主义国家联盟。总而言之，当时主要的外交对象是社会主义国家，与资本主义国家的交往较少。由于日后中苏分歧渐大，甚至爆发了边境武装冲突，中国与社会主义国家联盟的关系也日益疏远。这种局面使得中国与外部国家间

---

① 将产出与农民的劳作联系起来，多劳多得。

② 农民在集体劳作中依靠集体对其劳动量（也就是工分）的评估来分配成果。

③ 工农业产品交换时，工业品价格高于价值，农产品价格低于价值，其中所出现的差额。

的交流较少，外交上出现了较为孤立的状况。

1976年“四人帮”倒台后，中央政府开始考虑将工作的中心从阶级斗争转向经济建设。在这样的背景下，1978年中共召开了十一届三中全会，改革开放的方针逐渐形成。改革的工作千头万绪，但基本的政策导向还是那三点。首先是放权，在农村放松了集体对农民的控制，大规模推行家庭联产承包责任制(“包产到户”的另一个称呼)。包产到户意味着农民可以获得相当部分的个人劳动成果，这将农民权责利统一起来，很快就激发出了农民的生产积极性，“出工不出力”的现象大幅减少。与此同时，政府也改变了对私营经济的态度，开始允许在国有企业之外出现非国有性质(包括乡镇集体企业和私营企业)经济活动。这方面一个典型的例子就是安徽的年广久，他本身是一个卖瓜子的小老板，当时对他的争议很大，最后邓小平同志一锤定音，给年广久提供了做买卖的空间。

与放权随之而来的就是让利。过去国家几乎占领了所有的经济活动领域，稍微大一点的赚钱机会都在国家手中，个人经营的范围仅限于一些非常边缘的地方。放权的实质就是政府开始收缩自己的权力，无论是深度还是广度，政府都变得比过去小。与包产到户相匹配的是人民公社①作用的减弱，这相当于将经济活动的权利部分还给了农民，在制度上允许农民从生产活动中谋取个人利益。城市的私营经济更是如此，私营经济不断发展，开始是老板一个人干，后来就发展到雇工经营。过去国家对这种行为的态度是“宁要社会主义的草，不要资本主义的苗”，但现在不但小老板可以自己赚钱，还可以扩大规模雇工赚钱，这与

① 计划经济时代农村的基层集体组织，其在很大程度上决定了农民的生活。

中华人民共和国成立后将民营经济国有化的过程正好是反着的。

与此同时,中国也开始探索国企改革之路。1979 年 7 月,开始在全国推广企业自主权工作;1980 年中国出现严重的财政赤字,为了增加财政收入,借鉴农村承包经营责任制的经验,1984 年 4 月,开始推行工业经济责任制,对企业实行"包干+奖励";1983 年,开始在全国范围内实行利改税。过去国有企业的利润需要全部上缴,利改税之后,企业的利润先征收一部分所得税和地方税,然后采取多种形式在国家和企业之间分配税后利润;1985 年,国有企业进行了以所有权和经营权相分离为主要内容的改革。这项改革有三部分内容,一是对国有大中型工业企业实行承包责任制,二是对国有小型工业企业实行租赁制,三是对少数有条件的大中型工业企业实行股份制试点。

过去政府对国有企业控制得很紧,所有收入都要上缴,所有支出都由政府下拨,企业的经营决策由政府指导,因此企业的运作机制很死板,生产积极性也不高。改革开放之后的国有企业改革实行过很多政策,其核心就是放权和让利。由于种种原因,这些改革措施最终都遇到了较大的困难,并出现了一系列的负面影响,但我们从中还是可以看到政府希望改革过去对国企统得过死的局面,希望用放权和让利来激发国企的生产积极性。

还有就是对外开放,当中央政府决定以经济建设为中心后,包括邓小平同志在内的领导人没有选择闭门造车,而是逐步打开国门。一方面改善与别国的关系,扩大中国的国际生存空间;另一方面了解发达国家的状况,制定发展中国经济的策略。对外开放的第一个好处就是改善了中国的外部环境。要发展经济,就需要一个相对友好和稳定的外部世界,由于中国之前在世界上相对孤立,因此领导人开始采取一系列措施改善与别国的关系。同时，大量领导人进行对外访问，尤其是去发达国家见识什么是世界先进水平，这既坚定了对外开放的决心，又认识到了引进世界先进技术和投资的必要性。就这样，中国开始在沿海地区建立经济特区，在特区内实行特殊的政治、经济政策。日后特区的范围日益拓展，来华投资的外商日益增多，这为中国经济的发展提供了急需的知识和资金。

总而言之，中央政府在新的形势下，结束了漫长的阶级斗争运动，让中国人民的智慧和能量逐渐投入正和游戏的商业竞争中。改革开放打开了经济发展的空间，激励了数亿人创造财富的动力，这些勤劳进取的中国人最终成就了“中国奇迹”。

破除既得利益集团的阻挠

从表面上看，中国经济的成功来自放权、让利和对外开放，但从本质上看，中国经济增长是执政党和人民群众数次破除既得利益集团阻挠的结果。

改革开放后中国的经济增长实际上是不断进行政治、经济改革的结果。中华人民共和国成立后中国经济有一定的发展，但总体上还是很孱弱的。根据世界银行的数据，1960 年中国、菲律宾、泰国和全球的人均 GDP(以 2010 年美元计价)分别为 192 美元、1059 美元、571 美元和 3680 美元。到了 2015 年，这 4 个数据分别变成 6497 美元、2640 美元、5775 美元和 10194 美元。菲律宾当年大幅超越中国，现在不到中国的一半；泰国当年相当于中国的近 3 倍，现在被中国反超；但这三个国家离世界平均水平都有相当大的差距。

改革开放之后,中国的自我改革不但包含经济制度方面,还包含政治领域,例如否定了“两个凡是”[①],代之以“实践是检验真理的唯一标准”。“两个凡是”被否定为整个改革开放奠定了理论和政治基础,假如没有这一突破,包产到户、私营经济发展和对外开放都是不可想象的。

1978 年之后,中国政府不断推行国有企业改革,很多低效国企因此破产。虽然这造成了大量工人的下岗,但从经济学的角度说,这有力地提高了中国经济的效率,为日后的持续高增长奠定了基础。从政治上说,中华人民共和国成立后中国经济就是一个逐步国有化的过程,国有企业被认为是实现社会主义的方式,是执政党和政府的柱石。但在国企改革的过程中,决策者敢于打破这一局面,无疑又是一次自我革命。

这方面一个典型的例子就是中国商品流通体制的改革。在改革开放前,中国的商品流通体制具有典型的计划经济色彩,主要的特点是配给制。在这个体制内,所有的商品均由国家统购统销,国有批发企业实行的是“三固定”(固定供应对象、固定货源、固定价格)批发模式。商品从生产端到消费者需要经过四道门槛,这四道门槛分别是一级、二级、三级批发站和零售企业(也被称为“一、二、三、零”)。国家对商品流通领域实行指令式计划管理,商品的种类和价格均由国家制定。

在这个体制中,国有垄断批发企业执行的是一种行政分配的职能,按照计划将商品分配给社会各部门,以维持生产和生活的运转。从中我们可以看到,这种体制的生存一方面有赖于国家权力,另一方面则有

---

① “两个凡是”:凡是毛主席做出的决策,我们都坚决维护;凡是毛主席的指示,我们都始终不渝地遵循。

赖于贯彻国家指令的国有商业企业。

这种体制令国家垄断了商品的供需，但其背后的代价巨大。国有垄断商业企业缺乏竞争，效率低下，“大锅饭”[①]现象严重，商品长期处于短缺状态和卖方市场，民众生活水平长期无法改善。当时买电风扇要买票预约，买彩电得千方百计找门路，买自行车须托各种各样的关系。

改革开放后，政府逐步采取措施改变这种局面，例如开放工业自销、恢复和鼓励个体商业、取消国有批发商的垄断权和实行国有批发商政企分开等。这种举措很快改变了商业流通体制的格局，例如1984年社会商业、饮食服务业零售网点915万个，比1978年增长629.08%，其中，国营网点27.2万个，减少40.1%，集体网点159.4万个，增长55.86%，个体网点728.1万个，增长将近40倍。

由于国有商业企业效率低下，竞争力不足，因此政府对大中型商业企业推行了经营承包责任制，对小型商业企业则使用了租赁和出售等改革方式，供销社则干脆从官办改为民办。

与国有商业企业改制相对应的是相关政府部门职能的改变，过去负责商品流通领域的商业部和物资部于1993年被撤销，两者合并为国内贸易部。1998年国内贸易部改组为国家国内贸易局，隶属于国家经贸委。2003年撤销国家经贸委和外经贸部，组建商务部。此时政府主

① “大锅饭”是对分配方面存在的平均主义现象的一种形象比喻，它包括两个方面：一是企业吃国家的“大锅饭”，即企业不论经营好坏，盈利还是亏损，工资照发，企业工资总额与经营效果脱节；二是职工吃企业的“大锅饭”，即在企业内部，职工无论干多干少、干好干坏，都不会影响个人工资分配，工资分配存在严重的平均主义。

要负责发展战略、产业政策、行业规划、行业标准等制定和组织实施工作,加强信息引导和应急调控,实施行业指导、监督、管理和服务,而不再直接掌控整个商品流通体系。

在国有商业企业不断收缩战线的同时,民营商业企业开始大踏步地前进,例如专业批发领域出现了浙江义乌小商品市场、福建石狮服装市场、成都荷花池市场。这些市场的年交易规模惊人,以义乌集贸市场为例,2015 年其总交易额达 1245 亿元。在零售领域,苏宁、国美、京东、阿里巴巴等企业异军突起,其中苏宁 2015 年营业收入达 1357 亿元,同年京东的营业收入则高达 1813 亿元。

随着整个商品流通企业的改革,商品已经从过去的供不应求变成供大于求,卖方市场变成买方市场,人们现在对商品关注的重点不再是有没有,而是好不好。流通体制的改革打破了国有商业企业的垄断地位,在大面积上消除了这些企业的既得利益,成功地缔造了中国流通领域今日的繁荣,有效地提高了人民的生活水平。

前文已述,经济增长需要一定的制度条件,随着经济的不断增长,其对制度变革也提出了越来越多的要求,而这种制度变革的方向就是打破既得利益集团对经济增长和对民众谋求福利的阻碍。改革开放后我们实行了包产到户,允许私营经济发展,打开国门与外界交往。在国企改革中,过去被认为是政府支柱的大量低效国企破产,无论是国企的管理层,还是普通员工,都无法再过那种慵懒的生活。由于感受到了生存的压力,他们不得不在市场中努力工作。现在中国经济又走到了一个关口,我们存在大量的问题,比如房价泡沫和债务增长过快,这些问题未来可能给中国经济带来很大的风险,甚至金融危机,就像 1997 年的亚洲金融危机沉重地打击了泰国、韩国和印度尼西亚等国一样。但在金融危机过后，泰国和印度尼西亚一蹶不振，韩国却浴火重生，继续发展，最终成为高收入国家。中国到底会成为前者，还是成为后者，这取决于我们在危机前是否可以有效制约既得利益集团，减轻它们对国民经济的侵害。

经过30多年的发展，中国现在已经是全球第二大经济体了，但中国的人均GDP仍非常低，离世界平均水平有很大差距。在这样的状况下，中国经济是有很多发展空间的，例如，目前中国还有很多农村劳动力尚未转化为市民，而城市化是可以带来经济发展的。根据2014年世界银行和国务院发展研究中心公布的一份报告——《中国：推进高效、包容、可持续的城镇化》，考虑到目前农业与城市工业、服务业的生产率差距，每有1%的人从农村迁到城市，就能使GDP提高1.2%。但在当前局势下，由于政策失当，大量农村劳动力无法在自愿的原则下转化为市民，这导致农村依然存在过剩的劳动力，土地的分布呈现出碎片化，这阻碍了大规模农业经营的发展。要提高农业生产率，规模化生产是一条重要的途径。从这两点来看，我们的政策既阻碍了城市经济的发展，也削弱了农村经济的增长。无论是效率，还是公平，都受到了损害。

问题明摆在那儿，很多人也心知肚明，但为什么解决不了，甚至有恶化的趋势呢？说到底，还是既得利益集团在作怪。例如上文所述的城市化，这是全局性的利益，是经济发展的最终目标，但在目前的政策中，地方政府垄断了土地的供应，通过减少土地供应的方式，地方政府哄抬土地价格，并从中取得了重大的经济利益。

根据公开资料，2005—2015年，土地出让合同价款高达24.24万亿元。另据方正证券的研究，目前涉及房地产的税种一共有11个，其中5个税种为房地产行业所特有，6个涉及其他行业。2014年，与房地产相关税收合计(地方所得)占地方一般预算收入的比重达27.82%,其中5个特有税种占比高达16.9%。除去土地出让金和相关税费外,地方政府还将大量土地抵押给银行以取得贷款,这被称为地方政府的土地金融。

这些巨大的收益使得无论是地方政府,还是地方官员,都有极强的动力去维护现有的土地制度。土地问题只不过是中国既得利益集团控制经济、捞取好处的一个典型案例,类似的状况还有很多。实际上,中国经济中的诸多结构性问题之所以难以解决,其背后的原因就在于既得利益集团的阻扰。

不过好在习近平总书记自上任以来发动了大规模的反腐败运动,这不但净化了党和政府的肌体,也打击了现有的既得利益集团,为未来的政治、经济改革开辟了道路。

中国经济过去的发展来自于放权、让利和对外开放,与此同时发生的是破除既得利益集团的势力。现在中国经济面临诸多困难,需要顶层设计[①]也罢,需要探索实验也罢,最根本的还是要打破既得利益集团对经济的控制,消除阻碍经济发展的制度性障碍,让经济转型增长。

① 顶层设计原为工程学术语,其本义是统筹考虑项目各层次和各要素,追根溯源,统揽全局,在最高层次上寻求问题的解决之道,现已成为新的政治术语。

辨析刘易斯拐点

自2004年开始，招工难、用工成本高的问题愈演愈烈，过去似乎源源不断的劳动力都到哪里去了？

何为刘易斯拐点？

刘易斯拐点是指这样一种情况，二元经济结构中(现代工业部门和传统农业部门)，在农业部门剩余劳动力消失之前，社会可以源源不断地供给工业化所需要的劳动力，同时工资不会上涨。直到有一天，工业化把剩余劳动力都吸纳干净了，这个时候若要继续吸纳剩余劳动力，就必须提高工资水平。否则，农业劳动力就不会进入工业。这个临界点就叫刘易斯拐点。

在改革开放的早期，中国经济的确具备刘易斯拐点所描述的特征。1978年，中国第一产业产值占GDP的比例为27.7%，但其就业人口占总就业人口的比例为70.5%。农业部门存在大量的剩余劳动力，这些人处于半失业、全失业的状况，农业生产效率低下。

改革开放之后，中国实行了大为不同的经济政策，农村剩余劳动力开始进城，并在工业部门就业。这使得原先那些缺乏就业机会的农村劳动力立刻变为全就业状态，大量劳动力从低产出的农业转入较高产出的工商业,全社会劳动生产率和全要素生产率大幅上升,GDP 增速高企。

随着农村劳动力不断地进城务工,农业在国民经济中的重要性不断下降。2015 年,中国第一产业产值占 GDP 的比例已降至 9%,就业人口占总就业人口的比例也降至 28.3%。按照刘易斯拐点的观点,目前农村的剩余劳动力已被吸纳干净,工业和商业部门要想继续吸引工人,就必须提高工资。在这样的状况下,招工难、用工成本高也是很容易理解的。

中国真的到达了刘易斯拐点吗?

那么中国是否真的到达了刘易斯拐点呢?笔者认为不是,原因有四。

第一,中国农村仍有大量的劳动力尚未转移至城市。上文已述,农业部门就业人员占总就业人员的比例接近 30%,但创造的产值却不到 GDP 的 10%,那么发达国家的相关数据如何呢?以美国为例,根据美国经济分析局和美国劳工局的数据,2015 年美国农业部门(涵盖农业、渔业、林业和狩猎业)所创造的产值占 GDP 的比例为 1.4%,就业人数占总就业人数的 0.3%。无论是产值在 GDP 中的占比,还是就业人数在劳动力总人数中的占比,美国都远低于中国。根据 2014 年世界银行和国务院发展研究中心公布的一份报告——《中国:推进高效、包容、可持续的城镇化》,以目前的机械化程度衡量,农村剩余劳动力约有 1.05 亿人。这也意味着随着中国农业从家庭耕作的生产模式转到更为高效的规模化专业农场模式,中国仍有大量的剩余劳动力可以进城转向现代工业和服务业就业。

第二，自2004年以来招工难的主要原因不是剩余劳动力的减少，而是农业税的减免。农业税是国家向从事农业生产的单位和个人就其取得的农业收入征收的一种税。进入21世纪以来，中央政府一直在稳步地推进农业税改革，并在2006年1月1日废除了农业税，国家从此不再针对农业单独征税。与此同时，国家还对农业进行了一系列的补贴。这些政策上的转变提高了农民进城打工的机会成本，减少了劳动力的供给，因此城市出现了招工难。

第三，中国存在大量的农民工，他们并没有完全融入城市生活，转为市民。一旦经济形势出现变化，例如经济增速下滑，这些人随时可能回到家乡，由此增加农村的剩余劳动力。根据国家统计局的数据，截至2015年，中国农民工的总数为2.8亿人。

第四，中国有很多农民害怕迁移外地之后有可能失去在家乡的土地，而农民在城市中无法享受到与本地市民同等的公共服务，土地对农民来说也是一条退路，因此有一批农民不愿进城打工。

因此，基于以上四点，笔者认为虽然近几年农村剩余劳动力的绝对数字在下滑，转移的劳动力也不像过去那么多了，但目前的招工难更多是体制造成的。只要打破这些体制的束缚，中国就会再次出现大量农民进城工作的现象，刘易斯拐点的说法是站不住脚的。

从学理上说，刘易斯拐点描述的是在一个生产效率低下的经济体中，农业劳动力转向工业的过程。由于农村劳动力过剩，因此工厂只会付出稍稍高于农业收入的工资。但刘易斯拐点最基本的假设是劳动力是可以自由流动的，也就是说，没有人为的政策去干扰这一过程。很明显，中国不符合这个假说。中国的二元经济是二元体制的政策造成的，例如户籍制度,不是因为市场不完备而自然形成的。所以,笔者认为用刘易斯拐点来解释目前的招工难现象属于误诊。

工资上涨利大于弊

退一步说,即使中国已经出现了刘易斯拐点,普通劳动者的工资开始上涨,这对中国来说也是一件利大于弊的事情,是一件应该敲锣打鼓去庆贺的事情。虽然工资上涨会升高企业的经营成本,但换个角度说,这种形势对整个企业界来说是一个推动优胜劣汰的过程,效率更高的企业更容易在压力下发展,这将提升整个经济的生产率,有利于中国经济的长远发展。再者,工资上涨意味着普通劳动者手中的可支配收入增多,这难道不就是我们发展经济应该追求的最重要的目标之一吗?中国是一个大国,经济发展主要应该以内需为主,尤其是应以消费为主。富人的消费倾向较低,普通劳动者的消费倾向较高,因此后者收入的增加会带来更多的居民消费,在提高居民福利的情况下推动经济发展。

从图 2.14 可以看出,中国居民消费占 GDP 的比例非常低,在这方面“遥遥领先”于全球其他经济体。中国居民消费占比低的原因有很多,这里笔者不展开谈,但要想实现可持续的经济增长,中国就必须改变目前的这种状况,把居民消费占比提上来。从这个意义上说,普通劳动者工资的上涨是一件好事。

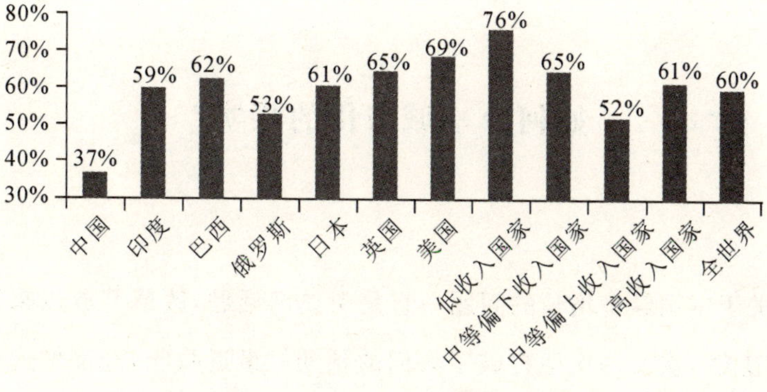

图 2.14　2014 年居民消费占 GDP 的比例

实际上，经济发展的根本目的就是为了满足人们的消费需求，投资无非是为了保证未来有更多的消费品和服务。从这个意义上说，我们不但不应该害怕工资上涨，反而应该欢迎这种现象的出现。

然而，目前有一个阻碍消费增长的因素，就是中国的社保缴费比例过高。社保本质上是一种税，国家拿走的越多，普通劳动者的可支配收入就越少。根据清华大学白重恩教授提供的资料，在中国，五险加起来大概是工资的 40%，其中养老保险缴费率是 28%，这个比例哪怕是在重税收、重福利的北欧国家，也没有一个超过中国的，以瑞典为例，其养老保险的缴费率是 18%。社保和其他许多重要的公共政策类似，不是越多越好或越大越好，而是要把握住分寸。太少，最低保障就太低，有损社会公平；太多，缴费负担太重，有损经济效率。无疑，过高的社保缴费比例与我们提升居民消费占比的目标是相互冲突的。

综上所述，笔者认为中国达到刘易斯拐点是一个误诊，我们不应该担忧工资上涨，应该为政府减免农业税的政策鼓掌喝彩。我们真正要担忧的不是工资高了，而是过高的社保缴费对经济运行和消费增长的扭曲。

如何分享城市化的果实?

关于中国经济增长的问题一直是个热门话题,改革开放以来连续的高增长一次又一次地打破了人们的预期。最近数年,经济增速不断下滑,债务累计速度很快,房价大涨,很多人忧心未来的发展前景。笔者认为这些观点都有一定的道理,而且从经济史的角度来看,每一个发展中国家在迈向高收入国家的时候,都难以避免遭遇一次或几次系统性的金融危机。但只要一国可以实行大体上正确的经济政策,让其经济发展潜力大部分得以发挥,那么即使在其发展的路途中遭遇些金融危机,该国经济也只会在短期承受危机的重创,长期持续发展应该是大概率事件。

对于中国经济增长潜力的问题,北京大学的林毅夫教授曾有一个著名的论断,即从2008年开始算,中国仍有20年平均8%的增长潜力。这是一个有争议的论断。争议的焦点有两个:一是持续增长的时间——20年;二是年化平均增长率——8%。笔者对这两个具体数字持保留意见。这里要说明,保留意见并不代表笔者认为林教授过于乐观,而是说笔者对这样具体的数据没有准确的、基于实证分析的推论,最后的发展结果既有可能低于林教授的预期、也有可能高于其预期。不过有一点是确定的,笔者也赞同中国经济仍有巨大的潜力可挖，因为对中国经济来说，其仍有大量低垂的果实[①]可摘。只要摆脱人为设置的制度性障碍，那么中国经济的发展潜力就会马上转化为现实。

那么有哪些低垂的果实呢？这个很多，也就是说中国经济还有巨大的发展潜力，例如继续引进和消化发达国家业已成熟的技术，让经济体中的低效企业在竞争中退出，面向民企和跨国公司开放更多的产业；等等。在此，笔者想摘出其中的一点来谈，即中国的城市化问题。

新增长理论

在谈及城市化这个主题前，笔者需要先介绍一下新增长理论，因为这是笔者分析城市化所用的基本理论。在亚当·斯密时代，经济学家就注意到了分工对提高生产率的作用。最近 20 多年来，在一批经济学家的努力下，新增长理论逐渐成形。

新增长理论在学术上颇为复杂，但其背后的含义却比较简单、直白。根据该理论，规模化的生产会提高生产率，从而增加产出。这种效率的提高一方面来自企业内部，比如说当企业规模扩大 4 倍时，其经营成本可能仅扩大 2 倍，这就等于说企业的生产率得到了提高。但在新增长理论中，企业内部效率的提高不是主要内容，来自企业外部的生产率提高才是重点关注的部分。

具体来说，该学说认为经济发展来源于技术创新，技术创新来源于

---

① Low-hanging Fruit，指那些可推动经济发展且成本较低的资源，比如利用闲置的土地进行生产等。

技术创新体系。对某一特定区域来说,同一产业内的不同公司集聚在一起,既可以产生更细的分工、提高效率,又有利于知识的积累和外溢、推动技术进步。知识积累比较容易理解,那知识外溢是什么意思呢?简单说,企业需要各种知识来提高生产率,譬如管理知识是研究如何以更低的管理成本去创造更多的产出,研发上的突破往往是尖端新产品推出的原因。有些知识是被一些企业垄断的,比如专利权就是给企业一种排他性的生产权利,但也有很多知识是不具有排他性的。当这些没有排他性的知识在产业集群中积累和传播时,集群的整体创新能力会提高,技术进步的步伐会加快,从而带来整体生产率的提高。

这方面最典型的例子就是美国的硅谷。比如苹果公司所研发的带图形界面的电脑就是受到了施乐公司相关研究的启发,而仙童半导体公司的发展历程更是体现了知识积累和知识外溢在推动经济发展中的作用。1956 年,威廉·肖克利(William Shockley)由于发明晶体管而荣获了诺贝尔物理学奖。在此前 1 年,肖克利在加州山景城创立了肖克利实验室股份有限公司,并雇用了一大批才华横溢的年轻科学家,比如罗伯特·诺伊斯(Robert Noyce)和戈登·摩尔(Gordon Moore)。后来由于不满肖克利的管理方式,包括诺伊斯和摩尔在内的 8 名重要员工一起辞职,并在 1957 年创办了仙童公司。这 8 个人被肖克利称为“叛逆八人帮”(Traitorous Eight)。日后仙童公司取得了巨大的成功,“叛逆八人帮”成了硅谷创新精神的代表,但随着时间的流逝,仙童公司也和当初的肖克利公司一样,出现了人才大量外流的现象。这些流出的人创立了众多的新公司,例如曾担任过仙童公司集成电路部营销总监的迈克·马库拉(Mike Markkula)是苹果公司最早的投资人和第二任 CEO;曾任仙童公司高管的杰瑞·桑德斯(Jerry

Sanders)后来创办了著名的超微半导体公司；就连“叛逆八人帮”中的罗伯特·诺伊斯和戈登·摩尔最后也退出了仙童公司，创办了英特尔公司。

仙童公司的创始人来自肖克利的公司，仙童公司的骨干员工日后又创立了一系列著名的IT公司。这些人在创立公司时缺乏资金，有的只是知识，而这些知识本身就是来自工作中的积累和产业集群所产生的知识外溢。假如硅谷没有众多的科技公司，没有形成产业集群，那么科技人才就业的机会就会减少，人与人交流的机会也会减少，知识的产生和传播必然会大打折扣，这对技术进步和经济增长是不利的。

另外，在产业集群中，产业链可以拉得更长，分工程度可以提得更高，每一个企业可以更加专注于产业链中某一部分的生产。更细的分工会提高企业对细分领域的研发和生产，从而提高生产率。

这方面典型的例子就是浙江的产业集群。以温州制鞋业为例，2013年温州拥有制鞋企业2761家，全行业实现工业总产值约852亿元，出口总值为51.56亿美元，鞋类销售额占全国市场份额的12.78%。与此同时，制鞋业相关的鞋机、鞋材、鞋饰、皮革、合成革、皮革化工等企业近2000家，从业人员近百万，专业化分工协作明确。

现代经济是知识经济，知识的积累和外溢可以有效地提高产业集群的创新能力，而更细的分工则可以产生更为专业的生产知识。两者互相促进，共同提高生产率。更重要的是，增加资本品投资刺激经济发展的方法，例如修桥修路，存在边际效应递减的问题。换句话说，这种方法的效率会越来越低，最终无法维系。但知识和分工所带来的经济增长是不存在这个问题的，因为这种增长是通过创新和更细的分工来提升效率的，无须大规模的外部投资，具有可持续性。从长期经济增长的角度来看,无论哪个经济体想成为高收入经济体,都必须走这条路。

既然经济的持续良性增长需要知识的积累与外溢,需要分工的深化,那么什么地方有这样的条件呢?或者换句话说,哪里比较容易产生企业集群呢?笔者认为,要产生企业集群就需要较大的市场规模,众多的企业和劳动力密集分布于某一区域。从这个角度来说,除了硅谷和温州这样的特殊产业聚集地外,城市(尤其是大城市)是最容易产生企业集群的地方。

这其中的原因很简单,大城市有更大的规模,容易产生更高的集聚效应。企业多,劳动力多,可以降低交易成本,促进知识的积累和传播,同时也能提高生产的专业化程度。这方面我们可以看看北京的中关村,根据北京市社科院等机构公布的数据,2014 年中关村新创办科技型企业 1.3 万家,2015 年前 3 季度新创办科技型企业 1.8 万家,这已大幅超越 2014 年的总数。2014 年,中关村拥有本科及以上学历从业人员占总就业人数的 51.2%,科技活动人员占 26.4%,企业科技活动经费支出达到 1540.5 亿元。2014 年中关村企业申请专利 43793 件,获得专利授权 22960 件,分别占北京市的 31.7% 和 30.8%。中关村地区企业实现增加值4954.8亿元,对全市经济增长的贡献率达 41.7%。

和硅谷相似,中关村的例子很清楚地表明,大量的创新企业聚集、大量的科技人才汇聚能在经济增长上取得巨大的成果。从这个角度说,中关村的例子较好地印证了新增长理论的观点。

城市发展的人口规律

2016年9月8日，北京市政府公布了名为“北京市人民政府关于进一步推进户籍制度改革的实施意见”的文件，虽然其中也提到了一些改革的内容，例如进一步健全基本公共服务体系，但文件更多的内容是关于控制人口的。文件第一条就说“按照中央关于严格控制特大城市人口规模的要求”，后面还有“严守人口总量红线”，并提出了具体目标——“到2020年，全市常住人口控制在2300万人以内”。

再来看上海，2016年8月22日，上海将一份名为“上海市城市总体规划(2016—2040)”的文件向社会公示。这份文件提出了2040年上海的建设目标——卓越的全球城市，在具体条文上，文件提出上海至2040年人口调控目标为2500万人左右，规划建设用地总规模从原土地利用总体规划确定的“天花板”3226平方公里，削减到3200平方公里，其中还包括200平方公里的“留白”。这意味着上海不但要控人，还要控地。

京沪是中国最大的城市，也是经济最有活力的地方，但两个城市都在控人。笔者认为，这样的政策不但在学理上讲不通，在实践上恐怕也会碰壁。比如1983年国务院批复的《北京城市建设总体规划方案》，要求“坚决把北京市到2000年的人口规模控制在1000万人左右”。仅仅3年过后，北京市总人口就在1986年突破了1000万人。1993年国务院批复的《北京城市总体规划(1991—2010)》，要求2010年常住人口控制在1250万人左右。但至1999年，已达1257.2万人。2005年国务院批复的《北京城市总体规划(2004—2020)》(即现行北京城市规划)，要求 2020 年北京市总人口规模控制在 1800 万人左右,并"考虑到人口流动以及其他不确定因素……本次规划的城市基础设施等相关指标暂按 2000 万人预留"。然而仅过了 5 年,2010 年第 6 次全国人口普查结果显示,北京市常住人口达 1961.2 万人;1 年后,根据北京市统计局的调查,2011 年北京市常住人口为2018.6万人,突破了 2000 万人的预留空间。可以说,北京的控人政策是屡战屡败、屡败屡战。

根据政府公布的数字,截至 2014 年,北京市的常住人口为 2151 万人。这意味着 2015—2020 年,北京市增加的总人口最多只能有 149 万人,每年不到 25 万人。事实上,笔者认为这些控人的政策失败是件好事,成功反而是坏事,因为从权利的角度来说,自由迁徙是人权的一部分,需要保障;从效率的角度来说,只要有科学的规划,大城市的人越多,经济会越发达;从和谐社会的角度来说,现在的控人政策在一定程度上导致了大量的社会弊病,例如几千万的留守儿童,这不但有损公平,也不人道。

目前京沪等地实行控人政策的理由一般是资源承载力有限、大城市病等。根据复旦大学人口研究所所长王桂新教授提供的资料,2009 年北京市面积为 16410 平方公里,常住人口为 1755 万人,人口密度为 1069 人/公里^2。东京都面积 2103 平方公里,常住人口 1286.8 万人,人口密度 6119 人/公里^2,为北京市人口密度的 5.7 倍。东京都市圈(包括东京都和琦玉、千叶、神奈川三县)面积 13368 平方公里,常住人口 3508 万人,人口密度 2624 人/公里^2,为北京市人口密度的 2.5 倍。王教授认为,将东京都的数据与北京相比,结论不辩自明,中国的大城市病有极为复杂而深刻的原因,在一定意义上外来人口只是被作为产生大城市病的"替罪羊"而已。

有趣的是，王教授还提供了另一份关于东京都的资料。日本人口2008年达到了峰值——12808万人，自此出现人口减少的拐点，2015年12711万人，年均减少14万人。但东京都的人口趋势却与此相反，2008年为1296.59万人，2015年为1338.96万人，年均增长6万人。照这个趋势，东京都的人口还会继续增加数年。整体人口减少，这比刘易斯拐点严重多了，东京都的人口却反向发展，这就是市场的力量。大城市有更高的生产率、更高的收入、更好的公共服务，也就是坊间常说的福利，水往低处流，人往高处走，大城市吸引力强是很正常的，中外皆然。

综合王教授提供的两份材料，我们可以看到，北京市的面积大于东京都市圈，东京都市圈有约3500万人，日本的总人口约13000万人，东京都市圈人口在总人口中的占比约为27%。和东京相比，北京不是人太多，而是人太少。

实际上，现在中国控制大都市发展的路别的国家也曾走过，比如根据2014年世界银行和国务院发展研究中心公布的一份报告(报告名为“中国:推进高效、包容、可持续的城镇化”，下文简称为“世行报告”)称，目前韩国首尔人口超过1000万人，在占全国面积1%的土地上生产着全国25%的GDP。首尔大都市区包括29个市(含首尔和仁川)和4个县，其面积占全国面积的12%，生活着全国一半的人口，生产全国一半的GDP。但在过去的70年中，围绕着如何管理首尔大都市区曾有过很多争议，而且政府也采取了众多的措施去限制这一区域的发展，例如限制工业用地、限制某些地区的开发、超过100万平方米的土地开发项目需经中央政府审批等，同时政府还对其他14个城市的开发予以扶持。

但这些控制措施最后都失败了。投资商和市场绕开政府的管制,推出了一轮又一轮的新项目,包括住宅小区、高速公路和机场等。同时,这些管制措施还损害了效率,大区内有20万工厂没有登记,助长了不受管理的城市发展,城市增长呈现碎片化格局,加剧了拥堵和环境退化。

最终,韩国政府放松了管制,开始利用市场工具调控城市管理,这加快了首尔成为全球城市的步伐。

改革城市管理政策

上文已述,目前的城市管理政策不但有损公平,也不利于效率的提升,显然需要改变。那么如何着手呢?笔者认为有以下三点需要改变。

第一,逐步废除户籍制度,让劳动力在全国范围内自由流动。经济增长是由不同要素相互作用构成的,例如资本、技术和劳动力等。目前商品和服务已能在全国范围内流通,资本和技术流动的障碍也比较小,但劳动力的流动依然面临很大的障碍。劳动力的自由流动将有利于资源的最佳配置,从而提高生产率,但目前这种自由流动尚无法实现,造成这种现象最重要的因素就是户籍制度。户籍制度本来是控制人口流动的行政性手段,现在户籍制度本身已经不重要,重要的是公共服务在同一地区不同户籍人群间的分配。也就是说,即使现在取消户籍制度,如果非户籍人口依然无法享受当地的公共服务,那么这种户籍制度改革是无效的。因此如何让公共服务覆盖非户籍人口,让常住人口享受与本地市民同等的公共服务,才是问题的要害。至于解决办法,笔者会在后文论述。

第二，改革目前的土地制度。笔者认为目前的土地制度从两方面损害了中国的城市化进程。

首先，地方政府垄断了土地的供应，土地财政和土地金融使地方政府从土地中获得了大量的资金。地方政府既是土地市场的管理者，又是土地市场的经营者，从土地中获得尽可能多的收益是地方政府在土地运作中的第一要义。抬高地价可以用减少土地供应的方式来实现，因此各地政府频繁使用“饿地”政策，即减少土地供应的政策。高昂的地价推升了房价，升高了企业经营的成本，也提高了农民在城市安居的成本，阻碍了城市化的进程。

其次，严守18亿亩红线政策，在执行过程中微调变通。虽然地方政府倾向于使用“饿地”政策抬高地价，但这一政策的使用也会受到邻近城市竞争性土地政策的遏制。比如说北京的供地很少，地价高企，企业和居民觉得负担很重，这时候天津可以通过多供地的方式来降低地价和房价，从而吸引企业和居民的迁入。这样的政策不但会增加天津的GDP，还会增强天津的竞争力。

但中国很难见到这样的事情，其主要原因就在于中央政府的18亿亩红线政策。18亿亩红线的含义是全国耕地必须维持在18亿亩以上，中央政府在执行这个政策时是将总额度分散开来，让各地都承担一部分，包括大城市，这导致了一些大城市保留了大量的耕地。根据2016年6月国土资源部颁布的《全国土地利用总体规划纲要（2006—2020年）调整方案》，到2020年，北京、上海和天津的耕地保有量目标分别为166万亩、282万亩和501万亩。与此同时，三地的建设用地总规模分别为558万亩、480万亩和661万亩。假如我们将三个城市的耕地全部转化为建设用地，那么这三个城市的建设用地将分别增长

23%、37%和43%。大城市的土地寸土寸金,其产出远高于农业土地,但我们依然在大城市保有了大量的耕地,这从经济上来说是非常低效的做法。

其实,中央完全可以通过对18亿亩红线政策的微调来解决此问题。比如让大城市的耕地更多转为建设用地,降低房价,让更多的农民转化为市民,这样农村将节省出大量的宅基地。根据2008年宋伟等人所著的《我国农村宅基地资源现状分析》,截至2005年,中国农村宅基地总量为13674万亩。京、沪、津三地的耕地保有量目标总和为1699万亩,这意味着我们只要让12%的宅基地复耕为农田,那么京、沪、津三地将可以把所有的耕地全部转化为建设用地,而18亿亩红线可以继续维持。

除了宅基地,农村还有很多其他的闲置土地,例如过去给乡镇企业但现在已废止的土地,假如将这些土地复耕为农田,那么城市保留耕地的必要性会大大下降。

这样一来,18亿亩红线的政策目标未变,农民转化为市民的成本降低,城市化获得进一步的发展,经济效率自然会提高。根据前文所述的世行报告估计,中国城市的规模每扩大1倍,其生产率将提高10%,而且在中国城市化的过程中,劳动力从第一产业向第二、三产业的转移对GDP增长的贡献率接近20%。

中央政府实施18亿亩红线政策的出发点是保证粮食安全,但保证粮食安全有很多方法,保障耕地面积是一个方法,提高单位面积上的产出也是一个方法。根据世行报告,越南1993年通过法律承认了土地的继承、转让、出售、租赁和抵押等权利,并将土地使用权的期限从20年延长至50年。改革后的5年里,土地租赁市场参与率翻了2番,土地交易量增加了7倍。同时,农业生产率显著提高,越南从水稻净进口国成了世界第二大水稻出口国。

同样的情况也出现在美国。自1900年以来美国的农场数量减少了63%,但单个农场的平均面积提高了67%。在转型最迅速的时期(1950—1990年),农业生产率的增长甚至超过了制造业。

要提高单位面积农地上的产出,就需要扩大土地经营规模,同时增加对农业的研发投入。但目前中国农地的产权保护制度仍然残缺,土地没有办法彻底地流转起来。没有强有力的产权保护,农业的规模化经营和研发投入就会受到阻碍,因此这方面的制度改革将会显著地影响农业产出。

实际上,即使在目前这种残缺的产权保护下,中国农业的生产率仍获得了大幅提升。根据世行报告,2004—2011年,中国主要粮食作物的全要素生产率年均增长2%,主要蔬菜作物的全要素生产率年均增长3%。我们可以想象,假如农业领域可以进一步改革,那么中国的粮食安全问题将获得更好的保障。

第三,将地方政府的行为目标从提高GDP改为提供公共服务。目前,由于GDP是考核地方官员的主要指标,因此各地政府都在想尽办法加快经济增速,其行为很像一个商业公司。在GDP目标的引导下,地方政府热衷于招商引资,热衷于从土地中获得更多的收入,热衷于基础设施建设,但对提供公共服务却兴趣寥寥。

这种现象背后的原因有很多,例如地方政府收入不足以提供足够的公共服务,需要中央政府的转移支付等。在笔者看来,这些看法都有一定道理,但没有抓住问题的核心。问题的核心是,对地方政府来说,公共服务虽然有利于本地居民,但却会增加政府的支出,减少了其可以投入经济建设的资金,而这对提高GDP增速是不利的。因此大城市控人的政策一方面是出于治理大城市病的考虑,另一方面估计也是想尽量减少所需提供的公共服务。从这个意义上说,大城市希望强化而非逐渐废除户籍制度也就比较容易理解了。反过来说,假如将地方政府的行为目标从提高GDP转为提供公共服务,那么户籍制度即使暂时不会解决,其作用也会被弱化。这就是笔者之前所说的,废除户籍制度的本质是让外来人口享受到与本地居民同等的公共服务,而要实现这一点就需要改变对地方政府的激励机制。

那么应该如何将地方政府的行为目标引导到提供公共服务上呢?笔者认为需要从三方面下手。

一是逐步取消按GDP考核地方官员的标准,让地方政府不再参与具体的经济活动,仅仅负责制定规则和加强监管。例如逐步取消地方政府对土地的垄断,将支配土地流转的权利还给农民和农村集体单位,让市场来决定土地的价格,地方政府则扮演一个裁判的角色,去做一些监管性的工作,比如保护产权、维护交易公平等。

实际上,将土地还给农民和集体不但是众多学者的建议,也是中央对土地市场改革的态度。例如2013年11月通过的《中共中央关于全面深化改革若干重大问题的决定》中明确表示,"建立城乡统一的建设用地市场。在符合规划和用途管制前提下,允许农村集体经营性建设用地出让、租赁、入股,实行与国有土地同等入市、同权同价"。

二是开征房产税。地方政府退出具体的经营活动后,其收入会减少,因此需要新的收入来满足提供公共服务的开销。房产税是对资产的直接征税,有产者肯定不会喜欢,但从另外一个角度来说,房产税可以看作购买公共服务的交费。房产税对地方政府来说是一个稳定的税源，而且征税对象也是公共服务的受益者，公众不会过于排斥交税。但由于是直接交税给地方政府，因此公众会对地方政府提出更多的要求，比如增加透明度、向纳税人说明税款的具体投向等。

征收房产税有两个目标：一是用于公共服务的收费；二是对资产的征税。房产税会提升地方政府提供公共服务的积极性，因为其在辖区内提供的公共服务越好，本地区流入的人口就越多，从而带动房价上涨。在这样一种激励机制下，地方政府不再将人视作负担，而会将其视为财富。我们可以想象，在这种情况下，地方政府还会想尽办法控人、赶人吗？

对资产征税有两个好处：一是促进了公平；二是鼓励房产所有者更好地利用手中的房产，比如将房屋出租，这会提高存量住房的使用效率，促进民众的福利。

三是取消对居民自由流动的限制，促使地方政府为争夺居民而互相竞争。上文已经述及，开征房产税有利于转变地方政府的激励机制，提高其提供公共服务的积极性，但除了这一点，民众还有一个促使地方政府提供公共服务的办法，就是“用脚投票”。这方面的理论是由美国经济学家查尔斯·蒂布特（Charles Tiebout）提出的，因此也被称为蒂布特模型。

这个观点非常简单明了，就是居民可以在全国自由迁徙。对地方政府来说，更多的居民意味着更多的收入和更大的权力，因此各地政府都会想办法去争取居民的迁入，而吸引居民最好的办法就是提供性价比更好的公共服务。对居民来说，某地公共服务的性价比越高，其迁入的意愿就会越强，某地公共服务的性价比越低，其迁出的意愿就会越强。对居民来说，他们用自由流动的办法来表达自己对地方政府公共服务性价比的评价,因此我们说居民是在"用脚投票"。

从美国的经验来看,"用脚投票"的确提高了地方政府提供公共服务的积极性。但从美国的经验我们也可以看出,这种"用脚投票"是有前提条件的,就是不能有限制居民自由迁徙的政策,比如户籍制度。

总之,中国需要在政府权力、财税和户籍等相关政策上提出一个一揽子解决方案,真正地将地方政府从一个商业公司转变为公共服务的供应商。在这个过程中,我们需要打破对居民流动的阻碍,为所有人塑造一个公平的生活环境,推行一个以人为核心的城镇化建设。假如能够实行这些措施,那么中国经济一定会向前迈一大步。

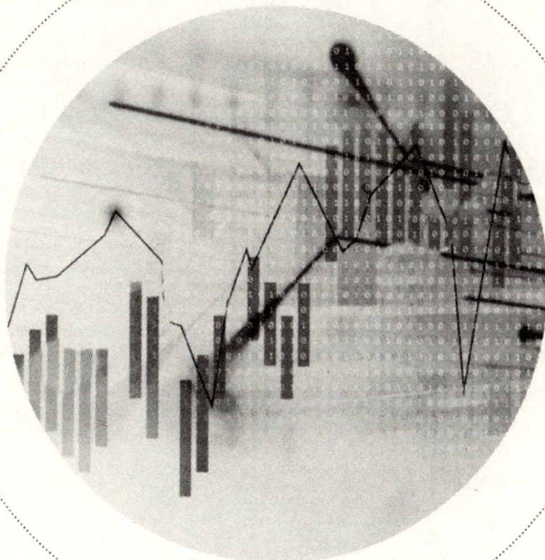

| 第三章 |

新时代的改革闯关

稳健的货币政策意味着什么?

什么是稳健的货币政策?

从字面来看,稳健的货币政策就是指货币政策随着经济环境的变化而变化,连续性高,波动不大,其主要目的在于维护经济发展的稳定,减少经济运行中的各种不确定性。

另外,稳健的货币政策也可以从货币政策的目标上去解读。以往,货币政策有四个目标,分别是充分就业、稳定物价、经济增长和国际收支平衡。现在,本届政府又给货币政策加了一个调结构的目标,例如对涉及“三农”和“小微”业务的金融机构,可以更大幅度降准。

实际上,央行也认为,货币政策要同时满足四个目标的要求是不可能实现的,何况还加了一个调结构的目标。因此在实践过程中,货币政策的目标经常处于不断的变化中,有时以反通胀为重,例如2007年央行曾大幅提高了存款准备金率,从年初的9.5%提高到了年末的14.5%;而有时又以促增长为目标,例如2008年全球金融危机爆发后,中国政府为了反危机而实行了积极、甚至激进的货币政策,这使得2009年新增人民币贷款同比增速达到了95%,这是自2002年以来最高的增速,而第二高的增速为54%(2003年),两者之间差距甚大。

需要注意的是,在2015年1月20—24日的冬季达沃斯论坛上,国家总理李克强明确表示,“我们将继续保持战略定力,实施积极的财政政策和稳健的货币政策,不会搞大水漫灌”。很明显,中央政府已经排除了 2008 年 4 万亿元那样的做法,那么中央政府将如何去保持一个松紧适度的货币环境,以促进经济健康、平稳地运行呢?稳健的货币政策又该如何去把握“度”呢?解答这些问题,我们需要简单回溯一下中国的货币政策演变,尤其是货币投放渠道的演变以及政府的应对措施。

货币投放渠道的演变

改革开放初期,由于经济落后、人民币汇率高估等因素,中国的外汇储备很少,因此在当时的领导人心目中,积累外汇储备是一个很重要的目标,也是经济实力的象征。例如前总理朱镕基在 2003 年曾说:“我记得,在 1993 年 7 月份任命我兼任中国人民银行行长的时候,外汇储备只有 180 亿美元;到 1997 年年底,上升到 1300 多亿美元;2002 年年底是 2864 亿美元,如果把外汇收益和其他收入算上的话,是 3380 亿美元。同志们,这就是国家的实力呀……在国际上,如果没有外汇的话,一切免谈。”

然而,在 1994 年人民币汇率并轨之前,中国的经常账户和资本账户均出现过 5 次逆差,而且外汇储备经常出现负增长。到 1993 年年末,中国的外汇储备仅为 212 亿美元,因此在这个阶段,外汇占款并非中国的主要货币投放渠道。

根据公开数据及笔者的计算,笔者发现再贷款是改革开放早期的主要货币投放渠道。1985 年,再贷款余额占基础货币余额的比例为 87%,而后这一比例逐渐下降,但到 1993 年,这一比例仍高达 75%。

从 1994 年开始，由于人民币汇率等因素的变化，再贷款余额占基础货币余额的比例加速下滑，到 2014 年，这一比值已降为 11%。①

1994 年 1 月 1 日，人民币汇率实行外汇公开牌价与调剂价并轨，人民币兑美元的汇率从 1993 年 12 月 31 日的 5.8∶1 贬值至 8.7∶1。此后，中国的经常账户和资本账户出现了长时间的双顺差现象，中间受亚洲金融危机的影响，中国的资本账户在 1998 年出现了 63 亿美元的逆差。但两个账户随即又恢复到了双顺差的局面，直至 2012 年，这一年资本账户出现了 318 亿美元的逆差。虽然从 2005 年开始，人民币进入了缓慢升值的状态，但这并未改变双顺差的格局。相反，逐步升值使得市场出现了升值预期，双顺差的格局得到了进一步的强化。双顺差使得外汇储备激增，这些流入中国的巨额外汇储备在央行被兑换为外汇占款，而外汇占款本身就是基础货币的一种形式。

从 1994 年开始，中国货币投放的主渠道逐渐变为外汇占款，这给日后货币政策的演变带来了深刻的影响。首先我们来看看外汇储备和外汇占款的发展，1993 年中国的外汇储备为 212 亿美元，随后人民币汇率并轨，1994 年外汇储备飙升至 516 亿美元，截至 2014 年年末，该数字已达 38430 亿美元。相应的，中国的外汇占款在 2014 年年末已超过 27 万亿元人民币。

另外，我们再来看一个指标，假如我们将外汇占款的余额除以基础货币的余额，我们会看到一条非常陡峭起伏的曲线。该比值在 1997 年为 41%，2006—2011 年，该数值持续超过 100%，2009 年达

① 由于口径调整等因素，部分年度之间的数据并非完全可比，但这并未影响到数据变化的大趋势。

到其顶峰(122%),此后该指标开始逐渐下滑,2014 年为 92%。

由于外汇占款长时间高速增长,经济体中的流动性非常充裕,甚至过剩,这给货币当局控制通胀和资产泡沫造成了巨大的困难,因此央行不得不频繁地使用提高法定存款准备金率、发行央票等方式来回收流动性。

在这段时间里,中国基础货币的投放来自外部。对央行来说,其货币政策是相当被动的,在绝大多数的时刻,其都在对冲外汇占款对宏观经济的不利影响,维护国内经济和金融环境的稳定。

不过这其中也有一次例外,就是 2008 年国际金融危机后的 4 万亿元投资计划。该计划实行后,货币当局全面逆转了之前的货币政策,开始实行扩张政策。这使得中国的信贷强度①在很短时间内大幅飙升至 359%,这是自 1991 年以来最高的数字,而第二高的数字出现在 1998 年(214%),两者之间存在显著的差距。

外汇占款之后

在经历了多年的增长后,中国的外汇储备余额和外汇占款余额在 2014 年开始出现了下滑。这个拐点是在年中出现的,外汇储备年中最高值与年末值的差距为 1502 亿美元,外汇占款的这一数值为 2317 亿元人民币,均出现了显著的下降。

---

① 信贷强度的含义是每 1 元新增信贷额所带来的 GDP 增长额,信贷强度越高,经济效率越低。其计算公式为:信贷强度=年度新增各项贷款余额/年度新增 GDP。

更值得注意的是，2014 年 12 月的外汇占款相对于 11 月出现了 1289 亿元人民币的负增长，这相当于全年降幅的 57%。换句话说，外汇占款的流失速度可能处于上升期。

不过，无论流失额是多少，这种不增反减的局面与之前不断增长的形势构成了鲜明的对比。用一句当下的流行语来说，新的态势可能是未来中国货币环境的新常态。对于央行来说，其政策需要在这种新的形势下做出改变才能维持经济和金融的稳定。

实际上，这种外汇储备与外汇占款下降的现象本身也是央行所期望的。因为在过去 20 年的时间，中国积累了太多的外汇储备，远超实际所需，人民币的渐进式升值与稳定的升值预期极大地干扰了中国货币政策的独立性。现在，人民币汇率开始双向波动，中国货币政策的独立性也开始大幅提升，这为货币当局的调控政策打开了空间。

在目前的货币环境中，最大的改变就是当初那些主导货币发行的因素消失了，例如外汇占款不增反降。假如央行还维持过去的货币政策，那么对经济体来说，就是一种顺周期的政策，容易造成通缩，因此央行的货币政策需要变被动为主动。

为了替代外汇占款流失所造成的缺口，央行 2014 年推出了新的货币政策工具，以期实现稳定货币环境的意图，例如抵押补充贷款(pledged supplementary lending，简称 PSL)。2014 年政府工作报告确定改造的各类棚户区总数为 470 万户，政府预计这一规模的改造需要超过 1 万亿元人民币的资金。国务院将为棚改融资的任务交给了国家开发银行，并使用 PSL 给予其资金，利率仅比 4%略高一点，明显低于市场利率。

相对于再贷款,PSL 是一种全新的货币政策工具,但有媒体认为 PSL 与再贷款在名称上的差异并不重要,其本质都是由央行为国开行的相关项目直接提供资金支持。对政府来说,这一举措可谓是一举三得:首先,棚改是重要的政治任务,可以改善民生;其次,棚改在短期内可以刺激经济发展;最后,由于 PSL 的利率显著低于市场水平,市场中的中长期利率也受其影响,开始走低。

除了此次首次露脸的 PSL,央行此前已抛出了一系列与货币政策相关的创新工具,例如 2013 年推出了短期流动性调节工具(short-term liquidity operations,简称 SLO)、常备借贷便利(standing lending facility,简称 SLF),2014 年还出现了两次定向降准。

根据中国人民银行的介绍,SLO 由央行相机操作,是公开市场操作的补充手段,以 7 天期内短期回购为主,遇节假日可适当延长操作期限,投放或收回货币的方式为逆回购和正回购,采取市场化利率招标,额度一般较小。

SLF 的主要功能是满足金融机构期限较长的大额流动性需求。SLF 的最长期限为 3 个月,以 1～3 个月期操作为主,利率水平根据货币调控需要、发放方式等综合确定。

央行称,这些流动性管理工具的及时创设,既可以有效调节市场短期资金供给,熨平突发性、临时性因素导致的市场资金供求大幅波动,促进金融市场平稳运行,又有助于稳定市场预期和有效防范金融风险。

2014 年两次定向降准均有具体的要求。具体来说,2014 年 4 月 25 日,央行下调县域农村商业银行 2 个百分点的存款准备金率,下调县域农村合作银行 0.5 个百分点的存款准备金率。6 月 16 日,央行对符合审慎经营要求且“三农”和“小微”企业贷款达到一定比例的商业银行下调 0.5 个百分点的存款准备金率。同时，财务公司、金融租赁公司和汽车金融公司也下调 0.5 个百分点的存款准备金率。

央行对第二次定向降准的金融机构设置了限定条件——即“三农”和“小微”企业贷款达到一定比例。这是指上年新增涉农贷款占全部新增贷款比例超过 50%，且上年末涉农贷款余额占全部贷款余额比例超过 30%；或者，上年新增“小微”贷款占全部新增贷款比例超过 50%，且上年末小微贷款余额占全部贷款余额比例超过 30%。

在 2015 年 2 月 5 日的降准中，同样存在定向降准。其具体的表述为，对达到定向降准标准的城市商业银行、非县域农村商业银行，额外降低人民币存款准备金率 0.5 个百分点；对中国农业发展银行，额外降低人民币存款准备金率 4 个百分点。

2014 年，中国 GDP 同比增速为 7.3%（不变价），这是过去 25 年来最低的增速，但从绝对值来看，中国 GDP 在这一年增加了 48444 亿元（现价），其现价增速为 8.2%。GDP 的增长需要伴随一定的货币供应量增长，否则货币投放就会对经济发展造成不利的影响。目前，中国的基础货币和广义货币供应量（M2）都还在增长，但其增速是逐渐下滑的。2014 年 12 月，基础货币和 M2 的同比增速分别为 9%和 12%，与宏观经济状况大体相符，但若外汇占款进一步流失或国内货币乘数下降，那么 M2 的增速可能就无法满足经济发展的需要，甚至将中国经济带入通缩。所以，从目前的数据和资料来看，中国的货币当局正在努力适应货币环境的新常态。虽然中央政府排除了大水漫灌的可能性，但对货币政策来说，其目标是既要防通胀，也要反通缩。从这个意义上说，降准以及之前的 PSL 等新货币政策工具，只是一个技术上的动作，其意图在于维持货币环境的稳定，并支撑经济发展。进一步说，稳健的货币政策意味着货币当局要将宏观经济的一系列指标维持在一个理想的区间内,例如CPI要在3%以内。当这些指标偏离目标时,货币当局就会进行逆周期操作,对于2015年的降准来说,其目的只是对冲外汇占款减少等因素对M2的影响,谈不上什么扩张性的货币政策。因此,笔者认为央行的公告写得很清楚明了,“中国人民银行将继续实施稳健的货币政策,保持松紧适度,引导货币信贷和社会融资规模平稳适度增长,促进经济健康平稳运行”。

为存款利率放开喝彩

2015 年 10 月 23 日，中国人民银行宣布自 2015 年 10 月 24 日起下调存贷款基准利率和法定存款准备金率。央行同时宣布对商业银行和农村合作金融机构等“不再设置存款利率浮动上限”，并抓紧完善利率的市场化形成和调控机制。

由于之前贷款利率已经基本放开，因此存款利率的放开对中国的利率市场化来说是下一步改革的核心问题。现在央行仅对活期存款和 1 年以内(含 1 年)定期存款利率保留基准利率 1.5 倍的上限管理，其他期限的存款利率将由银行自主定价，用央行的话来说就是“距离放开利率管制只有一步之遥”。

与此同时，央行还表示利率市场化是中国金融领域最核心的改革之一。放开商业银行和农村合作金融机构等的存款利率上限，标志着中国的利率管制已经基本放开，改革迈出了非常关键的一步，利率市场化进入了新的阶段。这在利率市场化进程中，在整个金融改革的历史上，都具有重要的里程碑意义，充分体现了中国坚定推进改革的信心和决心。

央行在 2015 年 10 月 23 日发布的三份文件中，用了诸多笔墨来谈论存款利率的放开，为什么这个举措这么重要呢？为什么利率市场化是中国金融领域最核心的改革之一呢？

金融抑制与隐形税收

存款利率放开的重大意义与中国的金融体制相关,假如不了解这一点,我们是很难理解银行行事的逻辑的。那么中国的金融体制处于什么状况呢?简单来说,中国在金融领域存在比较明显的金融抑制。金融抑制是美国经济学家爱德华·肖(Edward Shaw)和罗纳德·麦金农(Ronald Mckinnon)在1973年提出的一种用于解析发展中经济体金融体制的理论,其基本含义是政府动用行政手段直接参与或间接干预金融机构和市场的运作,使社会可贷资金廉价地流向各级政府以及一些机构和经济实体,这些机构和经济实体的目标一般是执行政府的政治、社会和经济政策。而在一个政府管制较少的金融体制下,社会可贷资金会流向投资回报高、风险低的项目,同时提供社会可贷资金的储户会从互相竞争的金融机构或市场上收到较高的投资回报。金融抑制本质上是一个对提供社会可贷资金的储户征收隐形税收的制度安排,它为各级政府、国有企业和执行政府发展政策的其他所有制实体提供了低于市场投资回报率的资金供应,对增加政府的财政实力、减轻政府和相关企业的财务负担是一种行之有效的手段。

在一篇2011年的论文中,经济学家卡门·莱茵哈特(Carmen Reinhart)和贝伦·萨布兰西亚(Belen Sbrancia)用5个要素描绘出了金融抑制的特征。

第一,直接或间接对利率的管制,比如对国债和储蓄利率的限制。

第二,政府拥有或者控制银行等金融机构,同时阻碍其他机构进入相关市场。

第三，高储蓄率是一个必要条件。

第四，通过对金融机构资本金监管条例的实施，限制金融机构的投资渠道，为政府债券的发行创建或保持一个垄断的国内市场。例如提高国债在金融机构资本金中所占权重的比例，要求金融机构必须购买一定数量的国债等。

第五，政府通过资本管制的方法阻止国内机构和储户将资产转移至海外。

这种金融体制的设置使得政府可以用低于市场的债务成本（借贷利率）和权益成本融资。低于市场的银行存款利率，并且在大多数时候低于通胀率的名义存款利率，将储户应得的一部分储蓄收益转移给了政府和国有企业等相关实体。通胀是金融抑制的政策手段之一，是降低债务成本的有效方式，也是对现金持有者的隐形征税。

金融抑制为政府带来了大量的收入，其在很多国家甚至有着举足轻重的地位。

根据罗杰·戈登（Roger Gordon）和笔者的研究（2001），1991—1998 年，中国政府每年从银行存款中征收的隐形税收大约占 GDP 的 2％。那么政府，特别是发展中国家的政府，对于隐形税收为什么情有独钟呢？这和金融抑制的特点有关。

对于需要偿还债务的政府来说，其公开的做法只有两个，一是减少支出，二是加税，但这两种做法往往都不得人心，做出这样的决策对政治家来说有一定的风险。而金融抑制的方法非常不透明，而且会在通胀下悄悄地将债务注销，因此在政治上更易于为人所接受。

金融抑制与地下经济

除去隐形征税的优势,发展中国家普遍实行金融抑制也与其经济结构和税收状况有关。发展中国家表面上的税率与发达国家差不多,但其税收占 GDP 的比例以及具体结构与发达国家相差很大。

表 3.1 最高法定税率

国家	税收收入占 GDP 的比重(%)	公司所得税税率(%)	个人所得税税率(%)	增值税(%)
阿根廷	17.20	35.00	35.00	17.00
保加利亚	21.40	19.50	29.00	20.00
巴西	24.30	34.00	20.00	0.00
中国	12.60	33.00	45.00	17.00
葡萄牙	24.30	27.50	40.00	17.00
美国	21.50	35.00	35.00	0.00
所有发达国家	28.40	29.60	42.80	16.20

资料来源:罗杰·戈登和李伟,2009。

从表 3.1 中我们可以看出,发展中国家与发达国家在具体税项的税率上差距不大。但表 3.2 显示,发达国家在税收问题上与发展中国家存在很大的不同。第一,发展中国家税收占 GDP 的比例远不如发达国家高;第二,发达国家税收中占比最大的是所得税,但公司所得税在税收中的占比并不高(9.7%),个人所得税占税收的比例非常高(44.6%),发展中国家公司所得税和个人所得税占税收的比例分别为 13.2%和 18%,都不高;第三,消费税和生产税在发达国家和发展中国家都属于重要税种,占税收的比例分别为32.9%和51.2%；第四，剩下的税项为关税和铸币税，这两种税在发展中国家的税收中均占有一定的地位，但在发达国家几乎为零；第五，发展中国家的通胀远高于发达国家；最后，需要注意的是，发展中国家拥有庞大的地下经济，而发达国家相对较小，其占GDP的比例分别为30.1%与14.0%。

表3.2　政府收入来源(1996—2001年)

人均GDP	税收占GDP的比重(%)	所得税占税收的比重(%)	公司所得税占税收的比重(%)	消费和生产税占税收的比重(%)	关税占税收的比重(%)	通胀率(%)	铸币税收入占税收的比重(%)	地下经济占税收的比重(%)
小于745美元	14.1	35.9	53.7	43.5	16.4	10.6	21.8	26.4
746～2975美元	16.7	31.5	49.1	51.8	9.3	15.7	24.9	29.5
2976～9205美元	20.2	29.4	30.3	53.1	5.4	7.4	6.0	32.5
所有发展中国家	17.6	31.2	42.3	51.2	8.6	11.8	16.3	30.1
大于9206美元	25.0	54.3	17.8	32.9	0.7	2.2	1.7	14.0

资料来源：罗杰·戈登和李伟，2009。

根据罗杰·戈登和笔者的研究(2009)，发展中国家与发达国家在政府收入上的诸多不同主要来自地下经济的不同状况。在发达国家，地下经济规模较小，不会对整体的税收政策造成重大影响，但发展中国家不同，其庞大的地下经济迫使政府不得不采取不同的税收政策。

地下经济就是政府视野之外的经济活动，这些经济活动对政府最大的影响就是无法从中获得税收。由于使用银行可能导致政府发现其经营活动,因此地下经济往往采取现金交易的方式。对于整个经济体来说,这是一种金融脱媒现象,而这直接导致政府的税基缩小、税收下降。

为了应对这种状况,发展中国家的政府采取了多种手段。

第一,要求银行加强对地下经济的监控。但这里有个问题,就是银行在竞争的过程中,都会竞相招揽客户,因此银行有动力帮客户隐瞒其经济活动,以达到助其避税的目标。对此,政府采取了一系列措施应对。(1)一旦发现银行有帮助客户避税的行为,政府可以吊销其营业执照;(2)政府直接控制银行,比如组建国有银行,这样做不但可以消除银行帮助客户避税的动机,也可以将信贷引向那些交税的经济部门;(3)阻止外国银行进入本国市场,因为外国银行可以通过其全球网络帮助本国的地下经济实体避税。

第二,给予那些交税的企业以垄断地位。为了维持税收,政府可以对那些交税较多的企业设置行业准入门槛,由此来保护这些企业的效益,从而间接保证了其对政府税收的贡献。

第三,征税员。对于地下经济,政府也可以通过增加人手的方法来进行征税。这样的做法有一个风险,就是腐败。但这些问题增加了地下经济运行的成本,因此也会有助于地下经济转入阳光地带。

最后,通胀。通胀侵蚀了现金的价值,而地下经济恰恰是用现金交易的。换句话说,通胀以一种独特的方式向地下经济成功征税。在这种状况下,地下经济的参与者可能会进入金融体系,通过获得利息等方式以求得资金的保值、增值。这样一来,一部分地下经济就不再脱媒了。这也就如我们在表 3.2 中所看到的,发展中国家的通胀和铸币税都较高的原因。

综上所述，金融抑制对增加政府收入有着重大意义。但天下没有免费的午餐，那么金融抑制会造成什么后果呢？

金融抑制的后果

金融抑制对政府来说有诸多好处，但其代价是巨大的。为了维护金融抑制，政府对金融体系进行了过多的干预，比如政府采取了使金融价格发生扭曲的利率。这严重阻碍了金融市场的发展，带来的后果就是一个落后的金融体系，而一个落后的金融体系又会阻碍经济的发展。这样一来，金融抑制和经济落后就开始陷入了恶性循环。

以利率为例，在金融当局硬性规定存款利率的上限时，利率无法准确反映出市场的资金供求状况。由于很多国家都存在较高的通货膨胀，所以硬性规定名义利率的上限经常会使实际利率为负。在实际利率为负的条件下，储蓄者不愿意增加储蓄，借款者的借款需求却格外强烈，这就导致了资金需求严重大于资金供给，金融机构只能以“配给”方式授信。在这种情况下，能够获得贷款的大多是享有特权的国有企业或者是与官方金融机构有特殊关系的私营企业单位，这就给腐败的滋生提供了土壤。同时，大量民营企业只得向非正式金融市场和高利贷者求贷。

我们回到中国的例子上来。很明显，由于中国政府对存款利率制定了一个相当低的上限——2015 年下半年 1 年期的存款利率仅为 1.5%（历史最低值），活期存款利率为 0.35%（几乎等于 0），而且银行业处于高度管制之中，政府掌握着兴办银行的牌照，这实际上在银行业的准入问题上设置了相当高的门槛。这种局面造成了以下几个结果。

第一,中国虽然有高达50%的储蓄率,但众多企业仍存在融资难的问题,尤其是民营中小企业。BCI的数据有力地证明了这点,BCI中有一个企业融资环境指数,该指数衡量的是企业对融资环境的判断,50以上为改善,50以下为恶化。

从图3.1中我们可以看到,企业融资环境指数长期位于50以下。我们调查的样本企业是长江商学院的校友企业,这些企业主要是一些民营中小企业,因此我们通过该指数可以看到,中国民营中小企业长期存在融资难和资金成本高的问题。

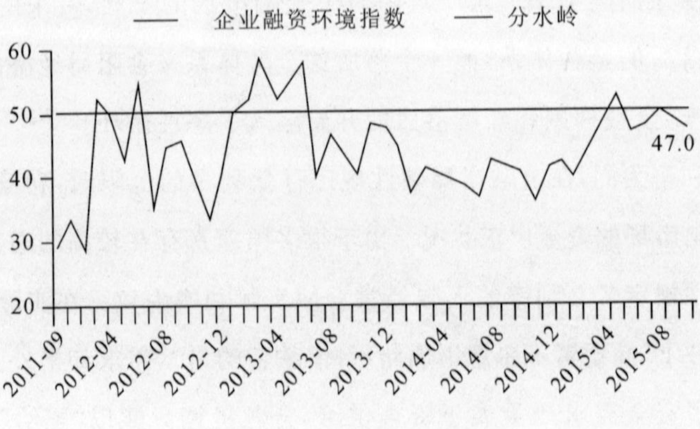

图3.1 企业融资环境指数

资料来源:长江商学院案例研究中心与中国经济和可持续发展研究中心。

第二,储户长期处于低利率(甚至负利率)下,这压低了包括国债在内的政府相关债券的利率,前文已说,这是向储户征税。

第三,政府是很多银行的大股东,直接或间接地控制着大量银行,银行受到政府的庇护,因此银行在低利率下获取的利润可以部分以税收和红利的形式返还给政府。这相当于政府通过银行对储户征收了一大笔隐形税收,而银行也从高利差中获得了巨额利润,四大行就是这方面的典型。

第四，由于存款利率低下，银行的融资成本很低，因此大量回报率低下的项目可以获得信贷，尤其是政府主导的工程。

第五，由于GDP是考量地方官员政绩的最主要标准，因此地方政府倾向于将大量资金配置到那些容易产生大量税收和GDP的产业，结果导致这些产业存在严重的产能过剩，例如钢铁业。

最后，由于穷人缺乏对财富保值、增值的投资渠道，而富人有不少对财富保值、增值的渠道，例如穷人买不起房子，富人买得起，因此在通胀下这又造成了一个结果，即将穷人的收入转给富人，扩大了贫富差距。

金融抑制流弊甚多，但要想改变这种金融抑制的局面是非常困难的，其主要原因在于既得利益集团的阻碍。以中国为例，在金融抑制下，政府、国有企业、与政府有特殊关系的私有企业、银行、能产生大量税收的企业和购买资产对冲通胀的富人获得了巨大利益，而买单的主要是储户、一般民众、经济体的效率和未来的经济增长。金融抑制会导致一批既得利益者的出现，而这些既得利益者非常依赖金融抑制，假如离开了金融抑制，他们可能连生存都会成为一个问题，因此他们会极力维持金融抑制。

消除金融抑制

在任何一个国家，消除金融抑制都是非常困难的事情，但随着形势的发展，金融抑制也会受到越来越多的挑战。

以中国为例，近年来国际资本大量流入，这导致中国的货币超发。为了对冲这些超发的货币，央行不断提高法定存款准备金率，由于存款准备金的利率非常低,对银行来说,这提高了它们的融资成本,因此它们开始将资产从表内转移到表外,大量理财产品应运而生。这些理财产品的收益率是市场定价,普遍高于同期的储蓄存款利率,因此央行对存款利率的管制效果就下降了。从这点上说,央行对冲外汇占款的政策催生了银行的金融创新,最后削弱了中国的金融抑制。

另外,新技术的发展也挑战了金融抑制,这方面的典型就是"宝宝们"的崛起。2013 年阿里巴巴旗下的天弘基金推出了余额宝,这款理财产品直接对应的是一款叫天弘增利宝的基金,该基金投资于银行间市场,主要资产为银行协议存款。虽然央行控制了储蓄存款的利率,但银行协议存款的利率却是由市场决定的。协议存款的利率长期高于储蓄存款的利率,两者安全性几乎相同,而且协议存款的流动性远好于普通存款,因此该产品推出后立即受到了民众的欢迎,余额宝总规模迅速推升到 5000 亿元,而且在它的带动下,百度、腾讯等互联网公司也推出了类似的产品。

实际上过去也有类似的货币基金,但这些基金的投资门槛较高,不适合小储户。"宝宝们"依托互联网技术,投资者只需要在网上操作几下即可投资,门槛低的产品 1 元就可以起投,存取方便且不影响收益率。这些特点使得大量储蓄在短期内从银行储蓄账户流向了利率早已市场化的银行间市场。

最后,对外开放也会削弱金融抑制。随着人民币升值预期的减弱,投资者持有外币的意愿普遍增强,海外投资日益受到青睐,因此大量资金开始流出中国,这点从外汇储备的余额中可以看到。2014 年 6 月,中国的外汇储备余额接近 4 万亿美元,到 2015 年 9 月,这个数字已经变为约 3.5 万亿美元。需要注意的是,在此期间,中国的贸易顺差总额超过了 7000 亿美元。换句话说，流出的资本至少为 1.2 万亿美元，这不是一个小数字。境内投资者将资金转移至境外进行投资，这降低了资本管制的效果，而资本管制是金融抑制的必要条件。

不论是金融创新、技术创新，还是对外开放，中国的金融抑制都在日益受到挑战。这对既得利益集团是坏事，但对中国经济的长期可持续发展以及民众的福利是好事。利率市场化会提高政府及国有企业等经济实体的融资成本，将迫使一些低回报率的项目无法上马，而且原来流向这些经济实体的资金在回报率的导向下将流向效率更高的私营企业，这会降低私营企业的融资成本，是对这些企业的减负。效率更高的企业获得更多的资源，无疑是有利于经济健康发展的。

与此同时，储户将有机会获得更多的收益，这有利于增加居民消费，也有利于缩小贫富差距。

虽然消除中国的金融抑制还有一段很长的路要走，但这种趋势是无法避免的，决策者在此过程中顺应时势将是功在当下、利在千秋的行为。这就像央行所言，存款利率放开既有利于促使金融机构加快转变经营模式，提升金融服务水平；也有利于健全市场利率体系，提高资金利用效率，推动金融资源向真正有资金需求和发展前景的行业、企业配置，对稳增长、调结构、惠民生具有重要意义。

从这个意义上说，我们要为存款利率放开喝彩。

结构改革需要拨乱反正

近年来,中国经济增速持续下滑,2010 年国内生产总值(GDP)同比增速为 10.6%,到 2016 年,这一数值已降至 6.7%。由于政府对 2016—2020 年的年均 GDP 增速目标为 6.5%以上,因此如何提升或维持经济增速就成了一个需要重点关注的问题。为此,政府出台了诸多政策来实现这一目标。

股市:慢牛变疯牛

为了抵御 2008 年的国际金融危机,中国政府从 2009 年开始实行了大规模的经济刺激计划,其中最重要的政策就是迅速扩大商业银行的放贷规模。但此后中国的 GDP 增速逐步下滑,投资回报率下降,不少非金融企业陷入财务困境,开始无力按期付息还本,债务问题日益严重(图 3.2)。

在经济增速放缓的大环境下,债务问题以及与其相关联的库存高企和产能过剩,提高了金融机构进一步放贷的风险,制约了企业的投资意愿,不利于经济的良性运转,因此减轻企业的债务负担就成了一个急需解决的问题。中国的金融体系是以银行为主的间接融资体系,企业继续从银行融资只能升高其债务率,而非降低。假如企业可以通过直

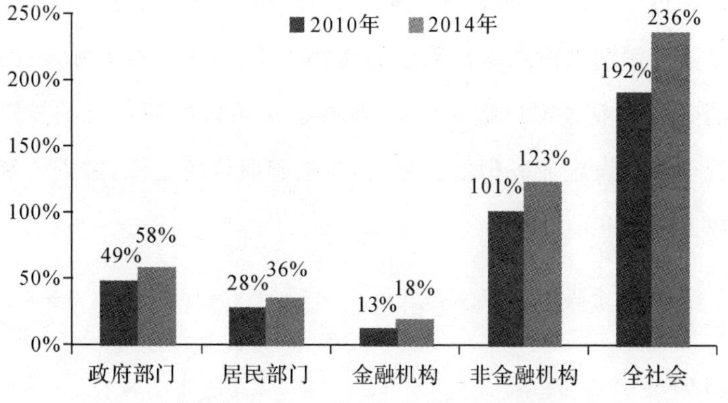

图 3.2　2010、2014 年各部门债务占 GDP 的比例

数据来源：Wind 资讯。

接融资的方式从股市中筹集资金，用发行股票获得的资金来置换其对银行的债务，那么这就可以降低企业的负债率。由于中国股市的估值偏高，中小投资者在上市公司中的话语权很低，上市公司分红较少，企业从股市中筹集的资金成本相对较低，因此从降低实际债务额的角度来说，这的确是相当好的权宜之计。

然而，要想提高一级市场的融资额，就必须有一个活跃的二级市场，让更多的投资者进场交易。但当时股市表现非常低迷，上证综指长期徘徊在 2000～3000 点，有时甚至跌破 2000 点，在这样的市场大环境下，企业是很难用低成本在一级市场中融资的。当然，这也就无法实现用股权融资来降低企业负债率的目标。

为了让股市交易活跃起来，相关部门采取了一系列措施，例如降低融资客户的资金门槛。

融资制度始于 2010 年，但其总规模长期处于低位，造成这种现象的主要原因是监管机构对融资所设立的高门槛。根据相关规定，只有达到或超过50万元的客户才有资格进行融资业务,而符合该规定的账户数量占沪深两市股票账户数量的比例很低。2013年4月,中国证监会取消了融资业务窗口指导意见,证券公司可以按照自己的投资者适当性管理制度设定业务门槛。之后,伴随着股价的上涨,融资余额也开始大幅上涨(图3.3)。

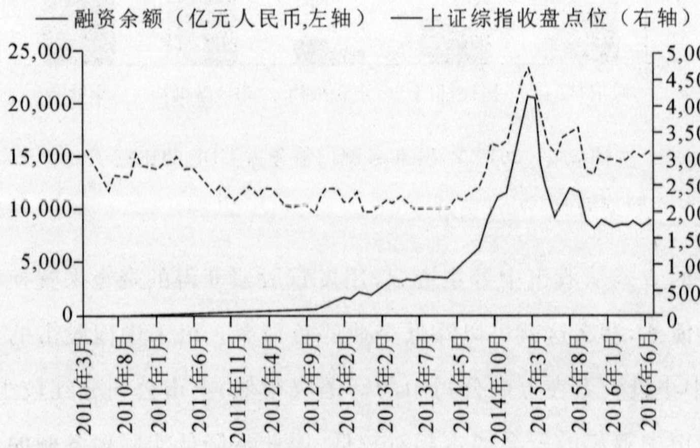

图3.3 融资余额与上证综指收盘点位

资料来源:Wind资讯。

再加上媒体(尤其是官方媒体)的引导性宣传,使得投资者认为政府希望股市上涨,这又为投资者更为激进的买入提供了信心。

除此以外,还有众多因素对A股的上涨起到了推波助澜的作用。从结果上说,短期内政府的政策成功了,从图3.4中可以看到,股指上升,企业在一级市场上的融资也大幅增加。

然而好景不长,A股的好运在2015年6月结束了,之后股市开始快速下跌。为了遏制股市的下跌,政府采取了诸多政策,包括:(1)减少

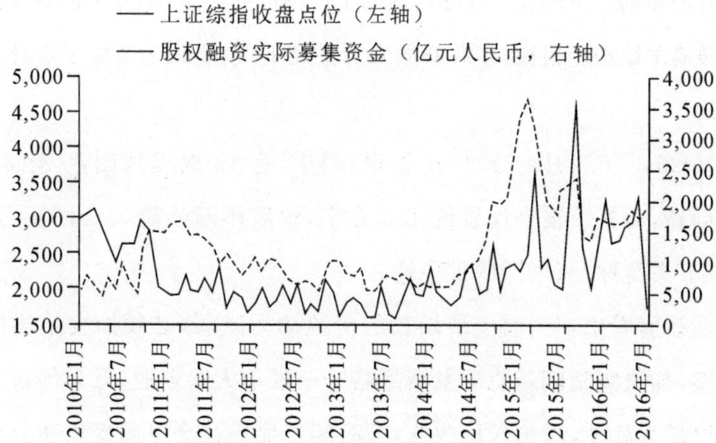

图 3.4　上证综指收盘点位与股权融资实际募集资金

资料来源：Wind 资讯。

新股发行数和筹资金额；(2)引境内外长期资金入市，将合格境外机构投资者的投资额度由 800 亿美元增至 1500 亿美元；(3)中国证券金融公司的注册资本由 240 亿元人民币扩大至 1000 亿元人民币，以向券商的融资融券业务提供资金；(4)严惩造谣者；等等。

虽然政府竭尽全力托市，但效果不佳，股指一路下滑，2016 年 10 月 28 日上证综指仅为 3104.27 点，与 2015 年 6 月 5178.19 点的最高值相去甚远。伴随着股指的下跌，企业在一级市场上的融资额也大幅下降，通过股民在股市中加杠杆来降低企业负债率的权宜之计就此偃旗息鼓。

大众创业，万众创新

近年来，GDP 增速不断下滑。无论是全社会，还是政府，都认识到过去依靠投资推动经济增长的效果正在下降，未来只能靠提升生产率的方式来获得有质量的经济增长。在如何提高生产率的问题上,创业和创新逐渐进入了政府的眼中。很快,在政府的大力推动下,创业和创新成了全社会的流行语。

在2015年3月的《政府工作报告》中,有13次提到创业,有38次提到创新,而整个报告仅有约1.8万字,政府不断强调大众创业、万众创新(下文简称"双创")的重要性。

在政府看来,"当前经济增长的传统动力减弱,必须加大结构性改革力度,加快实施创新驱动发展战略……推动大众创业、万众创新。这既可以扩大就业、增加居民收入,又有利于促进社会纵向流动和公平正义……打造大众创业、万众创新和增加公共产品、公共服务'双引擎',推动发展调速不减势、量增质更优,实现中国经济提质增效升级"。

换句话说,在传统经济增长动力下滑的情况下,政府希望培养"双创"接棒。在扩大就业、增加居民收入、优化经济结构等方面,"双创"肩负着推动结构性改革的重任。

实际上,早自2014年开始,整个社会就出现了一股强大的创业潮,政府的宣传使之进一步强化。在移动互联网思维万能论、90后创业热、注册资本无须实缴、千家孵化器护航等因素的刺激下,创业变成一种时髦。对于风险投资(VC)和私募股权基金(PE)来说,其风险偏好大幅上升,"宁可投错,不可错过"的思想占据了主导地位。

然而,从2015年下半年开始,A股大跌,由此造成的寒潮很快波及创业市场。大量VC和PE开始收缩战线,创业市场的融资难度骤然上升。很多以烧钱为主、缺乏收入的公司纷纷关门,倒闭潮不断蔓延。

实际上,"双创"是一种不确定性非常高的经济活动。投资者一哄而上的潮流形成的只是泡沫,而只要是泡沫就会破灭。从国际经验来看，成功的“双创”有赖于在特定的区域经济中形成良好的生态环境和发达的资本市场，中国目前在北京中关村和广东深圳已经形成了良好的“双创”生态环境。虽然国内的资本市场对于支持创业还有待进一步发展，但境外的资本市场和机构已经成功地为中国互联网创新企业提供了多层次、多方位的业务支持和服务，所以“双创”在中国有成功的土壤和各种必要的生态要素。但各地各级政府在全国范围内大力度推动“双创”，很可能吹起新的泡沫，起到拔苗助长的反效果。换句话说，“双创”必定是中国经济长期增长的一个有力引擎，但它在短期内还远远无法担负起推动经济结构性改革的重任。

房地产去库存

自 2011 年以来，商品房待售面积迅速上升（图 3.5），库存加大，房地产投资下滑（图 3.6）。房地产行业的产值本身在 GDP 中的占比较

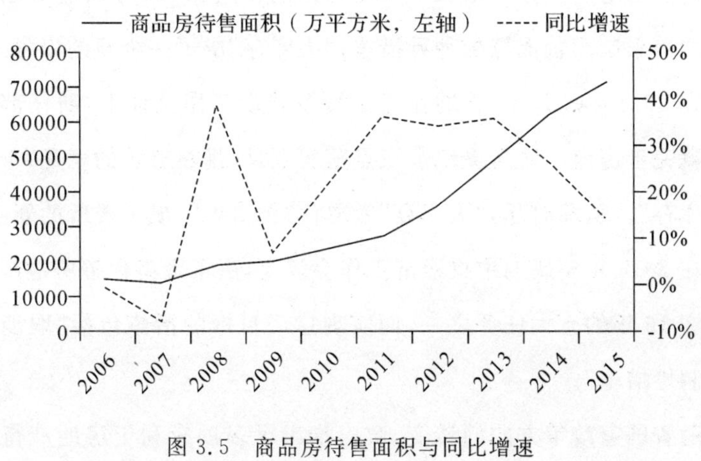

图 3.5 商品房待售面积与同比增速

资料来源：Wind 资讯。

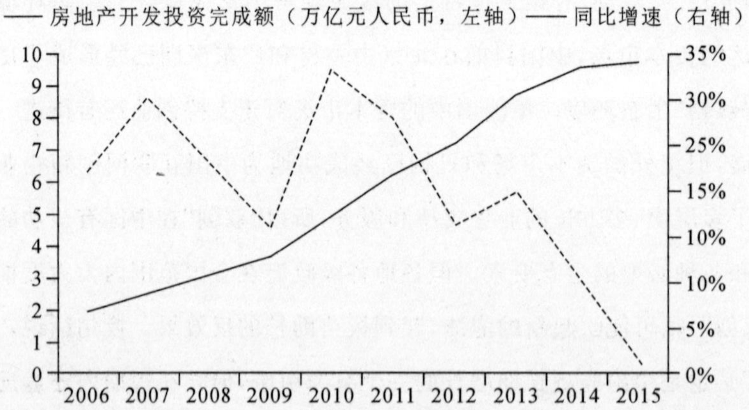

图 3.6　房地产开发投资完成额与同比增速

资料来源:Wind 资讯。

高,如果再计算上下游的钢铁、水泥和家装等行业,市场认为其在 GDP 中的占比约 20%。从经济增长的角度来说,这是一个至关重要的影响因素。

由于房地产在经济增长中举足轻重的作用,2014 年政府开始考虑解除之前限制房价上涨的种种措施,“去库存”成了一个新的口号。

在 2014 年 7 月 11 日的住建部城乡建设工作会议上,新任部长陈政高就完善房地产政策提出了三点落实意见,排在首位的就是“千方百计去库存”。从那时起,“去库存”就取代“调房价”,成了楼市的新主题。

在 2015 年年底的中央经济工作会议上,决策者将化解房地产库存列为 2016 年的五大任务之一,而实现这一目标的措施包括“取消过时的限制性措施”。

随着国家政策方向的转变,政府推出了多项有利于房地产行业发展的政策。例如 2016 年 2 月 2 日,央行和银监会发出通知,规定在不实施限购的城市，居民首套房贷首付比例最低可执行20%的标准。2008年国际金融危机爆发后，政府为了稳定经济曾将最低首付款比例调整为20%，这次的房贷新政将最低首付比例拉回了2008年的水平，由此可见政府刺激房地产发展的力度之大。

又如2016年2月19日，政府发布政策称，从2月22日起，房地产交易环节契税、营业税全面下调。

政策方向的变化迅速引起了市场的变化。虽然这些新政大部分都将一线城市排除在外，但政策还是迅速改变了人们对房价的预期，一线城市的房屋交易立刻升温，房价大幅上涨。除了一些一线城市之外，部分二线城市的房价也不断上升，南京、合肥和厦门等地的房价屡创新高。

由于房价的上涨速度远超各方意料，政府迅即扭转之前的政策，在一些房价上涨较快的城市重新推出了限制价格上升的政策。例如2016年8月11日苏州出台限购政策，对于非本市户籍居民家庭限购2套住房，且购买第2套住房时应提供2年内在苏州市区累计缴纳1年及以上个税或社保的证明。

事实再一次证明，政府希望通过房地产来拉动经济增长的策略再次陷入僵局，“一放就涨，越调越涨”的局面毫无改善。

从控制经济到拨乱反正

从2014年至今，政府维护经济增速的压力日益增长，为此政府想了很多办法，也试了很多办法，关于股市、“双创”和房地产的新政都是在这种情况下出台的。然而，这些措施均属权宜之计类的短期政策，主要是为了解燃眉之急。这些政策在制定的时候目标是非常清楚的,在一段时间内也达成了这些目标,但这些政策最终要么是乏善无力,要么是摁下葫芦浮起瓢。为什么这些针对性强、执行有力的政策,最终会如此呢?这个问题的答案较为复杂,但历史的经验可以给我们一些启发,下面我们来看看中华人民共和国成立初期经济发展的一些情况。

1949 年 10 月 1 日中华人民共和国成立,1950 年 6 月 25 日朝鲜战争爆发。也就是说,中华人民共和国成立不到 9 个月,邻国就爆发了大规模战争。当时中国百废待兴,国力孱弱,但中国领导人最终决定出兵朝鲜对抗以美国为首的联合国军。在战争早期,联合国军拥有明显的优势火力,中国军队伤亡很大,因此中国开始向苏联寻求先进的武器装备。

苏联答应了中国的要求,开始逐步给予中国所急需的武器装备。截至 1954 年,解放军用苏制武器及仿制品装备了 106 个步兵师、18 个地面炮兵师、8 个高炮师、3 个坦克师和 23 个航空兵师。另外,在第一个 5 年计划(1953—1957 年)期间,在苏联的帮助下,中国建设了 150 个重点工业项目。但这些东西都不是无偿的,中国需要为此向苏联偿还贷款。关于中国到底向苏联偿还了多少债务,各方有不同的数字,但有一点是共同的,就是债务总额高达数 10 亿元人民币,这给中华人民共和国带来了极大的债务负担。

要偿还在朝鲜战争中购买苏联武器的贷款,要进口机器以实现工业化,中国就需要出口更多的农产品来筹集资金。除此以外,工业化需要更多的工人,而要养活这些城里的工人,也需要更多的粮食。

中华人民共和国成立后虽然粮食产量增加,但需求增加得更快。1953 年,需要国家供应商品粮的人口为 24788 万人,需要商品粮总数为659亿斤，此外还有军粮和出口粮食。1953年，国家征购粮食721亿斤，和1952年相比，产量只增加1.44%，而征购数量却提高了20.1%，征粮遇到了很大的困难。

农民只愿意在吃饱的情况下才将粮食卖给国家，而且当时还有粮商、粮食市场，国家采购粮食需要在市场上竞争，因此如何从农民那里获得更多的粮食就成了政府的一大心病。为了实现这一目标，从1953年12月开始，中央政府实行了对粮食的统购统销。

所谓统购统销就是借助政权的强制力量，农民生产的粮食全部卖给国家，全社会所需要的粮食全部由国家供应，农民自己食用的数量和品种也得由国家批准后才能留下。与此同时，所有收购量和供应量、收购标准和供应标准、收购价格和供应价格等，都必须由中央统一规定或经中央批准。这等于取消了粮食市场，将农产品的生产和消费全部控制在政府手中。

统购统销在征粮问题上取得了立竿见影的效果，掌握在国家手中的粮食大量增加。不过在全国实行统购统销有一个障碍，就是征购成本高。国家直接向一家一户征购粮食非常麻烦，成本很高。于是，政府决定把分散的农户组成合作社，这将大幅降低政府征粮的成本。从这个意义上说，农业集体化是统购统销的自然要求。

1957年，受赫鲁晓夫提出15年赶上和超过美国的刺激，中央提出钢铁产量要在15年内赶上英国。1958年，中央又提出了“15年超英，20年赶美”的口号。为了实现这一目标，国家进一步控制了经济，将生产队整合成规模更大的人民公社，并提高了从农民手中征粮的比例。

然而，这些政策最终导致了粮食产量的大幅下降，农村出现了大量因饥饿而致死的现象。面对这样的局面，政策上不得不“向后退”，放松对经济的控制。

1978年邓小平等改革派上台,拨乱反正,大幅修改了之前的政策。国家放松了对经济的控制,允许农民包产到户,允许私营经济发展,改革国有企业,打开国门,吸引外资,由此开辟了中国经济长期高速增长的历史。

从这段历史中我们可以看到,基于一些现实的原因,中华人民共和国曾取消过市场经济,这是出于经济发展的需要。偿还债务、进口机器需要农产品,国家无法在存在市场的情况下获取足够的粮食,因此取消了粮食市场,代之以统购统销。之后由于经济目标一再上提,农民负担不断加重,最终导致饥荒发生。邓小平同志的伟大之处就在于他明白这种体制的缺点,提出要解放思想,拨乱反正,最终放松了国家对经济的控制。

结构改革不能再拖

对中国经济来说,真正需要做的是直面困难,对核心领域施行破釜沉舟式的手术。比如说中国存在大量僵尸企业,这些企业半死不活,占用了大量的社会资源,收益却很低。对于这些企业,继续向其输血只能进一步危害经济发展,因此我们需要制定方案处理这些企业,该重组的重组,该破产的破产,将其占用的珍贵资源转移给那些效率高的企业。

又如土地制度。现在土地供应掌握在地方政府手中,地方政府普遍采用减少供应的方式来抬高房价,结果这导致企业的运行成本升高,而且降低了居民的可支配收入。

再来看城市化的政策。中央政府有两个关于城市化的政策在具体执行细则上值得商榷，一是18亿亩红线政策，二是对大城市人口控制政策。18亿亩红线政策指的是全国耕地需保留在18亿亩以上，这个指标是分散到各地去执行的，结果一线城市也被要求保留一定量的耕地。例如北京的耕地保有量为166万亩，北京的建设用地总规模为558万亩，假如将耕地全部转化为建设用地，那么北京的建设用地总规模将增加约23%。大城市的土地寸土寸金，耕地的产出价值很低，我们一方面喊北京的房价高，另一方面却禁止附近的土地入市，这是不是有点矛盾？

还有就是对大城市人口的严控。现在从中央到地方都认为应该想办法缓解大城市病，但在政策执行中还应该考虑中国一线城市进一步扩大规模所能带来的正面的集聚效益——大城市有更大的规模，交易成本更低，经济更发达，居民收入更高。从国际经验来看，人口向大城市流动是一个普遍的趋势。我们人为地去限制一线城市的发展，一不小心就有可能给中国最有活力的经济圈的发展“添堵”。现在很多“城市病”，有多少是规划和基础设施还不到位造成的？有多少是人口增长造成的？希望专家学者们能拿出实证分析。

结构改革还有很多方面的内容，但这些方面的改革都是硬骨头，没有壮士断腕的决心是很难推进的。不过好消息是这些改革可以有效提升生产率，让中国摆脱目前这种为了短期增长四处出击而又效果不佳的尴尬局面。

实际上，未来的结构改革还是要继续贯彻邓小平同志拨乱反正的精神，坚定不移地执行党的十八届三中全会深化改革的决议，让市场在资源配置中发挥决定性的作用。假如我们能做到这点，那么未来的中国经济仍将大有前途。

结构改革应处于优先地位

2015年11月3日,新华社对外发布了《中共中央关于制定国民经济和社会发展第十三个五年规划的建议》(下文简称《建议》)。由于《建议》为中国未来5年的经济发展指明了方向,提出了具体目标,它被认为是决策层对经济规划的纲领性文件。

《建议》的具体内容很多,但笔者比较感兴趣的是其中关于经济增长目标的部分。《建议》提出的目标是在提高发展平衡性、包容性、可持续性的基础上,到2020年中国GDP和城乡居民人均收入比2010年翻一番。

除了《建议》之外,习近平总书记在党的十八届五中全会上所做的《关于〈中共中央关于制定国民经济和社会发展第十三个五年规划的建议〉的说明》(下称《说明》)也对外公布。根据《说明》所示,为实现2020年中国GDP和城乡居民人均收入比2010年翻一番的目标,2016—2020年经济年均增长的底线是6.5%以上。

未来5年的平均增速要达到6.5%以上,那么应该如何来评价这个6.5%呢?又应该如何看待这些文件所表达的内容呢?

不要坏的经济增长

目前市场对这两个文件出现了诸多不同的解读,但大体上看主要是在谈论经济增长与结构改革之间的关系。经济增长比较简单，主要就是未来 5 年的 GDP 增长的目标，结构改革的内涵并无确切的定论，但有一些内容肯定包括在内，例如《建议》明确表示，在经济增长之外，“主要经济指标平衡协调……投资效率和企业效率明显上升……服务业比重进一步上升，消费对经济增长贡献明显加大”。

在笔者看来，市场可能忽略了一个非常关键的内容，即在决策层眼中，经济增长与结构改革之间到底是什么关系。

GDP 和人均收入翻一番是有前提的，就是“在提高发展平衡性、包容性、可持续性的基础上”，笔者认为这个“基础”就是结构改革希望达到的目标。

换句话说，决策层认为结构改革是优先于经济增长的，需要的是可以持续的经济增长、能够提高人民生活水平的经济增长、好的经济增长，而非不可持续的经济增长、无法惠及大众的经济增长、坏的经济增长。进一步说，假如结构改革没有前进，甚至出现后退，那这样的经济增长是没有意义的。

如何看待 6.5%

《说明》指出，“2016—2020 年经济年均增长底线是 6.5%以上”。对于 6.5%的经济增长目标，我们首先遇到的一个问题就是，这现实吗？笔者认为，这个目标是现实的，是有能力达到的。

6.5%的目标是现实的，其原因在于目前中国的经济增长主要还是依赖投资拉动，而政策对投资的影响是巨大的。图 3.7 是近些年来中国消费①和投资的年实际同比增速,我们从图中可以清晰地看到,消费的增速是较为稳定的,但投资的增速变化较大。

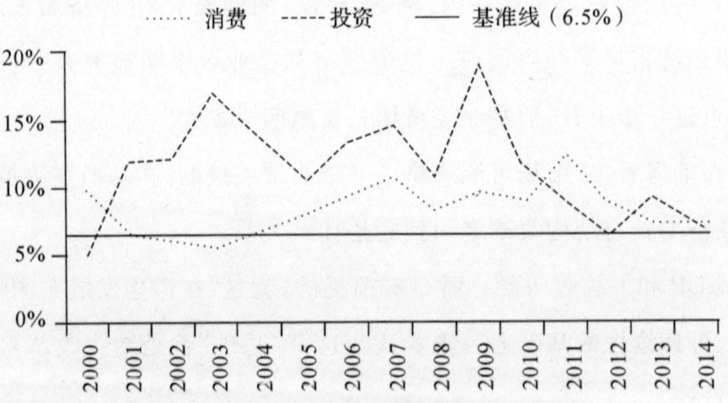

图 3.7 消费和投资的年实际同比增速

*数据截至2014年。

资料来源:Wind资讯。

除了增速变化大以外,投资在GDP中的占比也非常高。2003—2014年,中国的投资率一直维持在40%以上,2009—2014年,投资率在45%以上,2010年和2011年最高达到过47%。

将这两点综合来看,我们会发现中国的经济增长主要来自投资变化的影响。根据笔者测算,假设未来5年货物与服务净出口的年均增速为6.5%,占GDP的比值为3%,那么当消费的年均增速为6%且占GDP的比值为50%的时候,投资的年均增速达到8%就能保证GDP实现6.5%的年均增速。假设其他指标不变,但消费年均增速下滑至

① 此处的消费为最终消费,包含政府消费和居民消费。下文除非言明为居民消费,否则均指最终消费。

5%，那么投资增速上升至 8.6%就能完成目标。

经济增长主要受投资变化的影响，而政府在投资中的作用非常大，这方面一个典型的例子就是 2008 年的 4 万亿元人民币经济刺激计划。2008 年在内外因素的影响下，中国的经济增速迅速下滑，当年第 4 季度仅为 7.1%，2009 年第 1 季度进一步降至 6.4%，而 2007 年这一数值为 14.2%。为了应对危机，中央政府推出了 4 万亿元人民币经济刺激计划，该计划表面上宣称的规模为 4 万亿元人民币，但市场认为实际规模远大于此，一个主要论据在于新增信贷的高速增长。2008 年，中国新增人民币信贷 4.9 万亿元，2009 年这一数值几乎翻番，达到 9.6 万亿元。大量的信贷流入市场，强有力地刺激了经济增长，GDP 增速从 2009 年第 2 季度开始复苏并迅速攀升，2009 年和 2010 年的 GDP 增速最后分别为 9.4%和 10.6%。

产能过剩与防止踏空

由于 GDP 是考核地方官员业绩的重要指标，因此地方政府倾向于扶植那些可以带来大量 GDP 的产业，例如钢铁业。换句话说，地方政府对企业的考量主要是规模，而非效益。当经济发展迅速时，市场对钢铁、水泥等产品的需求高，这些产业的产能并不过剩，甚至是缺乏的。当经济增速下滑时，这些行业就会出现产能过剩。

在很多行业，例如钢铁业，政府干预等因素使市场无法发挥其应有的作用。很多企业僵而不死，新的产能层出不穷，这导致供给越来越大，超过了市场需求。企业无法将成本向消费者和生产下游转移，价格低迷，最终整个行业都承受着巨大压力。而在如此恶劣的生存环境下，企业仍在不停地扩张。

假如是国有企业，那么我们可以用政治任务的理由来解释，但民营企业又该如何解释呢？笔者认为这反映了一个关键的问题，即这些企业认为经济越差，政府越会推出大力度的刺激政策。由于存在这种预期，因此企业必须采取逆周期的运作方式，不然就可能踏空即将来临的机会，并为之付出沉重的代价。这方面一个典型的例子就是万科公司，2007年房地产市场开始降温，作为行业龙头老大的万科迅即采取了收缩战线“过冬”的策略，但2008年开始的4万亿元人民币经济刺激计划为房地产的发展注入了一针强心剂，房价随后出现大幅上升，万科失掉了先机，行业地位出现明显下滑。

除了对政府经济刺激政策的预期外，资金成本低廉也是企业扩张的一大原因。过低的资金成本是中国金融体系扭曲的一个范例，要控制投资规模、提高投资效率，利率市场化将是非常重要的改革。

虽然民营中小企业在借贷市场中处于弱势地位，存在融资难、资金成本高的问题，但每当政府实行大规模的宽松信贷政策时，这些企业也会有所受益，2009年即是如此。这种人为的低利率降低了企业投资的风险，鼓励了企业，尤其是更有机会获得廉价资金的国有企业的扩张行为。

对企业来说，过去的经验显示扩张才是硬道理。假如只是一部分企业这么预期，那问题不大，但假如大部分，甚至绝大部分企业，都有如此预期，政府就必须在经济下行时推行扩张的政策，否则产能过剩的问题就会马上恶化。当企业意识到政府的政策不足以带来预期的需求时，企业可能会更改决策，由扩张改为收缩。由于之前企业是大面积扩张，因此当风向改变时，在羊群效应驱使下，企业可能出现大面积的快速收缩，这会导致经济在短期内承受巨大的下行压力。出于避免这种局面的考虑，政府不得不在经济下行时期实行刺激政策。从某种意义上说，企业的这种预期绑架了政府的政策。

提高消费，遏制投资

基于以上论述，笔者认为未来5年经济政策的目标必须包括以下三个：一是提高消费在GDP中的占比，二是减弱企业认为政府会在经济下行时刻推行刺激政策的预期，三是推动包括利率市场化在内的一系列金融改革。

先来看第一点，也是最重要的一点，就是提高消费在GDP中的占比。笔者认为，要提高消费占GDP的比例，就需要为经济下行提供更多的空间。换句话说，就是政府要容忍更低的经济增速。为什么提高消费会导致经济增速放慢呢？投资占GDP的比例降1个百分点，消费占GDP的比例升1个百分点，经济增速是不会受到影响的，但问题在于提高消费比提高投资要困难。投资，尤其是政府和国有企业投资，决策和实施的政治成本低，但带来的GDP多。提高消费，主要是居民消费，是一个非常缓慢的过程。

与低消费相对应的是高储蓄和高投资。中国不只是居民的储蓄率高，政府和企业的储蓄率也非常高。值得注意的是，居民的储蓄率虽然较高，但自1992年以来占GDP的比例一直较为稳定地保持在20%左右的水平，而企业部门的储蓄率则呈现出快速上升的趋势，政府储蓄占GDP的比例自2002年以来也快速上升（图3.8）。

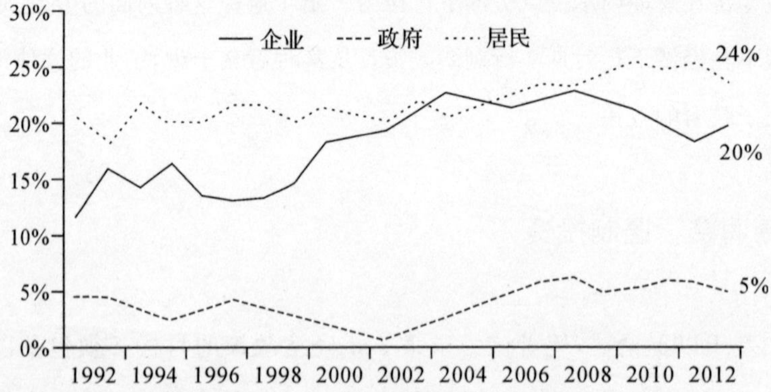

图 3.8 各部门储率占 GDP 的比例

* 数据截至 2013 年。

资料来源:Wind 资讯。

除此以外,就企业部门内部来看,国有企业储蓄率上升的速度是超过私人企业的。由于政府并未公布国有企业的可支配收入,因此这里笔者用国有企业的未分配利润来代表国有企业的可支配收入,然后用企业部门总的可支配收入减去国有企业的未分配利润来计算私人企业的可支配收入。

根据图 3.9 和图 3.10 可知,2006 年国企实现了扭亏为盈,此后利润高速增长,占 GDP 的比例快速上升。

企业储蓄大幅上升,国有企业的储蓄上升幅度更大,财政部官网曾刊登专文探讨这一问题,该文认为以下四个原因造成了目前的状况。一是经济增长快,国有企业通过重组以及将社会责任转移给政府而大幅提高了利润率。二是国有企业长期不向国家交纳红利。2005 年国企开始交纳红利,但其在净利润中的占比很低。三是产业结构扭曲。中国的产业偏重工业,资本密集型企业多,因此收入更多地以利润形式

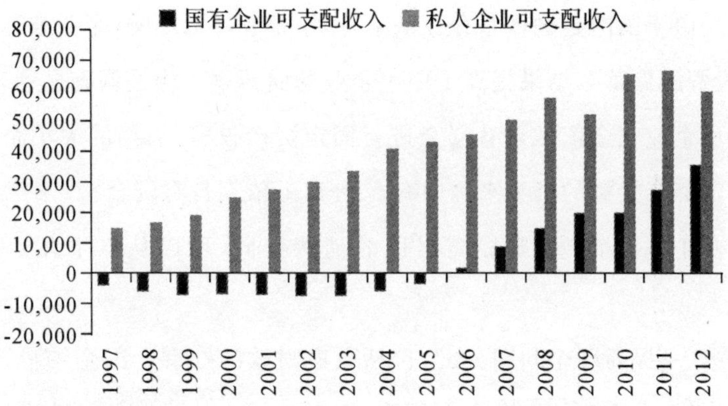

图 3.9　国有企业和私人企业可支配收入

*数据截至 2012 年。

**单位：亿元人民币。

资料来源：Wind 资讯。

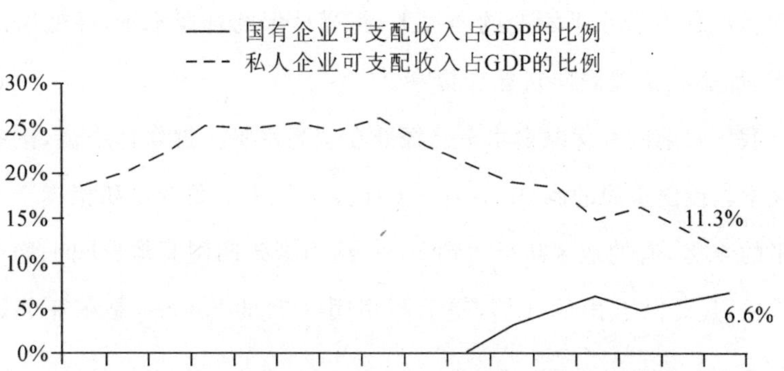

图 3.10　国有企业和私人企业可支配收入与 GDP 的比例

*数据截至 2012 年。

资料来源：Wind 资讯。

流向资本,而非以工资形式流向劳动力。四是中小企业为投资而增加储蓄。由于国内金融体系存在缺陷,中小企业融资不畅,企业被迫进行“为投资的储蓄”,结果提高了中小企业的储蓄率。相关调查显示,67%的中小企业完全依靠自有资金进行固定资产投资,81%的中小企业进行固定资产投资的资金来源中有50%以上依靠自有资金。

基于以上论述,要提高居民的消费倾向,可以从以下几点入手改革。

第一,提高国企利润分配,包括政府财政的红利。国企纳税、付息和分红后,可投资的自有资金下降,而对于无论是股民还是政府,增加的收入都可以用于刺激消费。

第二,划拨国有资本来充实社保基金。居民储蓄率高、消费率低的一个原因在于虽然社保的企业和个人缴费率高,但社保的覆盖率和补偿水平较低,因此居民在生活中更倾向于储蓄,而非消费。因此假如能在保持社保缴费水平不变的前提下,提高社保的补偿水平,降低居民的顾虑,那么其消费倾向自然会提高。

我国目前的社保缴费水平已经处在很高水平。据媒体报道,按照清华大学教授白重恩的测算,中国5项社会保险法定缴费之和相当于工资水平的40%,有的地区甚至达到50%,约为金砖四国其他三国平均水平的2倍,是北欧五国的3倍,是七国集团(G7)的2.8倍,是东亚邻国的4.6倍。

笔者认为,在目前诸多的选择中,划拨国有资本来充实社保基金是一个较好的选择,是一种减税的政策。《建议》也提出,“逐步提高国有资本收益上缴公共财政比例,划转部分国有资本充实社保基金”。

第三,降低政府的高储蓄率。笔者认为,政府的主要职能在于提供公共服务，而非储蓄和投资。假如将目前规模庞大的政府储蓄用于提供教育、医疗和养老等公共服务，甚至直接以购物券的形式发给民众，政府可以规定购物券不能存入银行，只能用于消费，那么这可以直接刺激居民消费，在提高人民福利的同时推动经济增长。

最后，我们进行国际比较就会发现，中国居民的储蓄率高得惊人，以居民储蓄占其可支配收入的比例来看，中国处于“遥遥领先”的地位（图 3.11）。

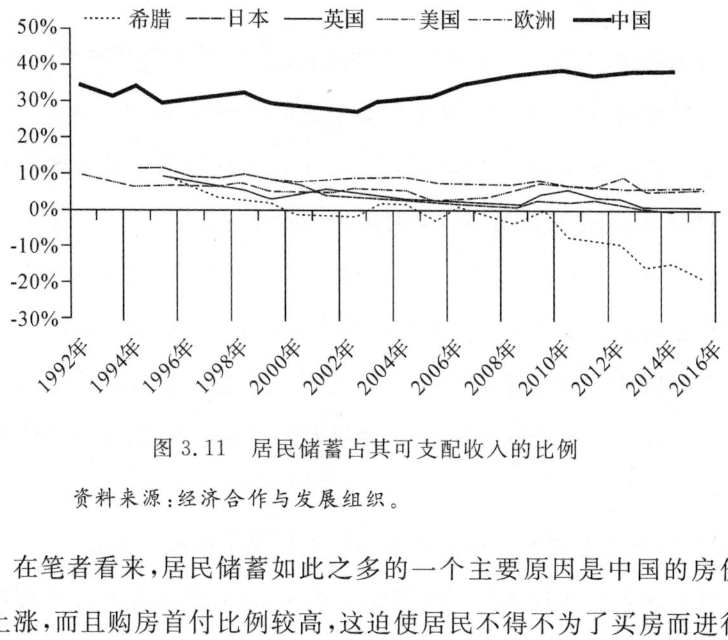

图 3.11　居民储蓄占其可支配收入的比例

资料来源：经济合作与发展组织。

在笔者看来，居民储蓄如此之多的一个主要原因是中国的房价不断上涨，而且购房首付比例较高，这迫使居民不得不为了买房而进行更多的储蓄。这种情形在房地产调控期间尤为明显，例如中国很多城市房价飙升，为了遏制房价的上升，地方政府一方面使用了许多行政手段，比如外地人买房需要连续缴纳社保 1 年等；另一方面就是提高首付比例，在有的城市，首付比例超过了房价的 50%。面对这样的情形，不但购房者本身要努力攒钱,其亲属(比如父母)也经常储蓄帮助子女购房。因此,中国只涨不跌的房价催化了居民投机购房和刚需购房的需求,也成了推高居民储蓄率的强劲助推器。笔者认为,中国只涨不跌的房价和房地产政策在推高居民储蓄率上起到的作用很可能远胜于社保不够完备等结构性因素所起的作用。

减弱企业投机心理,推行金融改革

再来看第二点。现在企业对政府刺激政策的预期是非常强烈的。上文已经谈过,这种预期对单个企业来说是理性的,但当它成为大部分企业的一致看法时,就为经济运行埋下了巨大的风险。这种风险也绑架了政府,使其在实行紧缩政策时不得不投鼠忌器。

经济下行越剧,政策刺激越强,越不利于治理产能过剩,越不利于提高行业的生产效率。经济下行会淘汰低效企业,而对优质企业来说,经济下行时期往往是好的扩张时机,因为此时能以较低的价格收购资产。在这种资源的重新配置中,产能过剩会得到平衡,行业的整体生产效率也会提高。

另外,企业对政策的这种预期实际上鼓励了投机。对企业来说,经济下行意味着应该投入更多的资源去扩张,这时候企业不但不会减杠杆,还会尽一切力量去加杠杆,这导致债务不断上升,风险日益加剧,而且这样的竞争是不利于企业提高效率的。

要减少中国企业这种“扩张才是硬道理”的想法,就必须让一些投机行为最重、杠杆率最高的企业受到惩罚。当这些企业因为高负债经营而遭遇困难、甚至破产时,其他企业就会警醒,这时企业在加杠杆的问题上会更加谨慎，中国的债务问题也会得到缓解。同时，一些前期谨慎运营的企业则迎来了春天，低价收购资产，整合提高效率，降低产能过剩，就会顺理成章地展开。

最后，金融改革对中国至关重要。金融改革的范围很广，但核心就是消除目前金融体系中的一系列扭曲，建立一个高效的金融市场以促进经济发展。例如利率市场化，前文已述，资金成本低廉是企业过度扩张的一大原因。长期以来，政府一直在采取种种措施压低存贷款利率，这种政策为快速的经济增长提供了动力，但也造成了一个问题，就是企业的资金饥渴症。由于利率被压低，没有反映出真实的资金成本，因此虽然中国有高达50％的储蓄率，但企业依然觉得资金不足。

政府和国有企业有着非常强的投资冲动，它们比其他市场主体更容易获取低成本资金，但投资效益却不高。利率市场化改革会终结政府和国有企业融资成本被人为压低的现状，投资低效益项目的意愿将减少，其融资额也会相应下降，节约出来的资金就可以导向效率更高的中小企业。资金供给的增大会降低中小企业的边际融资成本，这些企业大多不是重工业企业，它们的发展更有利于提高劳动者的收入，从而有利于提高居民消费。

又如汇率市场化改革。汇率市场化会大幅减弱政府在外汇市场的作用，这使得政府不再能通过维持低汇率保护出口企业的利益。压低汇率的做法对经济整体而言是得不偿失的。

但需要看到的是，这些改革的另一面是企业的投资规模会下降，对中国这样一个依赖投资来促进经济增长的国家来说，这肯定会在短期内影响经济增速。

事实上，将资源挪向消费领域，提高居民的消费水平，进行汇率、利率等金融改革,提高企业的运行效率,降低其过度的风险偏好,对中国经济的未来都是无法避免的结构改革。这些调整一旦成功,中国经济将向前迈出重大的一步,其意义甚至可能不会低于1978年改革开放政策的实施。但在短期内,这些政策大部分都会带来紧缩,加剧社会痛苦。

不过,好消息是有一些政策既有利于结构改革,也带有扩张的特点,比如前文所述以国有资本充实社保。如这一政策上马,政府可以不再提高社保缴费率,甚至可以降低缴费率。对居民来说,这也是一种减税政策,增加了可支配收入,有利于提高消费。

因此,笔者建议政府可以一方面推行一些带有紧缩特点的结构改革政策,另一方面推出一些带有扩张性质的结构改革政策。让两种政策的宏观经济效果对冲,降低全社会的痛苦,并为结构改革的推行减小阻力。

综上所述,无论是从提高居民消费、加快金融改革的角度,还是从减弱“扩张才是硬道理”这一预期的角度,结构改革对中国经济都是至关重要的。即使在经济增长目标迫近6.5%时,仍应毫不动摇地推行结构改革。因为要实现中国经济发展的平衡性、包容性和可持续性,结构改革应该始终处于优先的地位,而非相反。

新时代的改革闯关

——试论改革的困难、应对和超越

进入2015年之后，中国经济仿佛进入了一个不确定因素更多的环境。经济增速下滑、股市大幅波动、人民币汇率贬值、进出口同比增速滑坡，中国经济到底怎么了？我们应该如何理解目前的中国经济状况呢？

债务问题

在笔者看来，产能过剩是中国实体经济在资产端的一大结构性问题，与其遥相呼应的是负债端的一个大难题——债务问题。

产能过剩行业中存在大量低效的企业，这一点可以从企业的投资回报率数据中看到。根据清华大学白重恩教授研究，2012年中国的税后投资回报率（调整价格之后）已经降至2.7%的新低水平。1993年该数值为15.67%，2000—2008年，该数值还稳定在8%～10%的区间，2008年金融危机之后，该数值出现了大幅下降。

低效企业无法通过经营活动所产生的利润来偿债，在竞争较为充分的市场经济中，这样的企业本来会被兼并、收购，甚至破产，裁员也会比较常见。但出于种种原因，这些企业得以继续存在，例如地方政府往往会出于就业的考虑而帮助低效企业继续运转。这些企业的生存必须仰赖于外部资金的输入,于是债务增长就必不可少了。

从债务总额占 GDP 的比例来看,中国也出现了迅速上升。2000 年、2007 年和 2014 年第二季度,该比值分别为 121%、158%和 282%。从国际比较的角度来看,在同口径、同时间点(2014 年第二季度)的条件下,中国债务总额占 GDP 的比例(282%)低于韩国的 286%,但高于加拿大(247%)、德国(258%)、美国(269%)和澳大利亚(274%)。

另外,在麦格理银行 2015 年 9 月的一份研究报告中,分析师收集了 780 家中国公司的债务数据后发现,这些公司的债务总额在过去 7 年有急速上升,从 6 万亿元(2007 年)扩张到了 22 万亿元(2014 年)。更重要的是,麦格理的分析师发现,在这 7 年中,利息备付率①低于 1 的公司大幅增加。

债务的快速积累是任何一个经济体都需要警惕的问题。历史上,在几乎所有的金融危机中都可以看到债务危机的影子。因此,国际货币基金组织(IMF)专门就债务问题提醒了中国政府。2014 年 7 月,IMF 公布了一份报告,在这份报告中,IMF 的研究人员考察了 43 个国家 50 年来的情况,发现只有 4 个国家的信贷增长曾像中国近 5 年所经历的一样快,而这 4 个国家在出现超高速信贷增长 3 年内都爆发了银行业危机。

这 4 个国家是巴西(1994 年发生银行业危机)、爱尔兰(2008 年发生银行业危机)、西班牙(2008 年发生银行业危机)、瑞典(2008 年发生银行业危机)。在这 4 个国家,5 年里债务总额占 GDP 的比例都增长

① 利息备付率=年度息税前利润/应付利息,数值低于 1 意味着企业没有足够的资金支付利息,偿债风险很大。

了 75～100 个百分点不等。IMF 估计，在过去 5 年中，中国国内债务占 GDP 的比例增长了 73 个百分点。

因此，IMF 敦促中国开始更加认真地对待信贷问题，特别是要减少地方政府债务的增长。IMF 表示，如果去杠杆化会令未来一两年的经济增长受损，那也只能如此，现在经济增长小幅放缓总比今后大幅放缓要好。

除了债务总额的问题，债务结构所带来的风险也不可忽视。一般来说，债务结构风险主要是两类，一类是期限错配，另一类是货币错配。期限错配指的是在企业的资产负债表上，资产是长期的，而负债是短期的，这也叫作短融长投；货币错配指的是在企业的资产负债表上，资产是本币，负债是外币。在中国，这两种风险都存在，而且还在日益扩大。

先说期限错配。短融长投意味着企业需要不断地滚动资金链才能维持正常经营，一旦金融机构收紧放贷，企业的资金链将面临巨大的压力，这种压力甚至会导致企业破产。

这方面一个典型的例子就是 2015 年中央政府推行的地方债置换。以往地方政府的债务多表现为地方融资平台的债务，这是一种公司债务，往往期限较短。为了解决这个问题，还有利率高等其他问题，财政部安排将这些债务置换为期限更长的地方政府债，2015 年置换的总量为 3.2 万亿元。从这个问题上我们可以看出，财政部已经充分意识到了地方政府债务短融长投的风险，因此在危机爆发前就开始采取措施解决问题。但反过来说，短融长投的问题不局限于地方债领域，在中国企业负债中也广泛存在。

再说货币错配。货币错配会导致企业面临汇率风险，一旦本币出现较大幅度的贬值,企业的债务形势可能迅速恶化,对企业的生存造成巨大威胁。

根据《华尔街日报》的报道,中国企业在2015年8月中旬未偿还的美元债务(包括债券和贷款)总额为3677亿美元。在截至2014年的5年时间里,中国企业新发行的美元债券增长了4倍,达到1350亿美元。目前中国房地产公司资产负债表上的美元债券规模总计625亿美元,而在2011年之前这些公司基本上未发行过离岸债券。

综上所述,债务在未来必须是中国经济重点关注的问题,假如不能遏制债务的规模和结构的进一步恶化,那么中国经济将面临很大的风险,这种风险之大也许会超过我们的想象。

要消费，不要 GDP

市场中经常出现一种观点,即假如我们采取紧缩的政策,控制债务增长,那GDP增长会受损,失业会增加,民众的生活水平会下降。

这一说法有一定的道理。目前中国的GDP增长与债务增长密切相关,控制债务增长的政策一定会冲击到GDP增长。由于有一些人还在这些低效企业中就业,因此失业率在短期内很可能会上涨。但民众的生活水平是否会下降呢?笔者认为不一定,其依据就在于中国目前的经济增长偏向投资,而非消费。

我们先来看看中国的投资率。

由图3.12可见,2003—2014年,中国的投资率一直维持在40%以上,2009—2014年,投资率则在45%以上,最高达47%(2010年和2011年)。

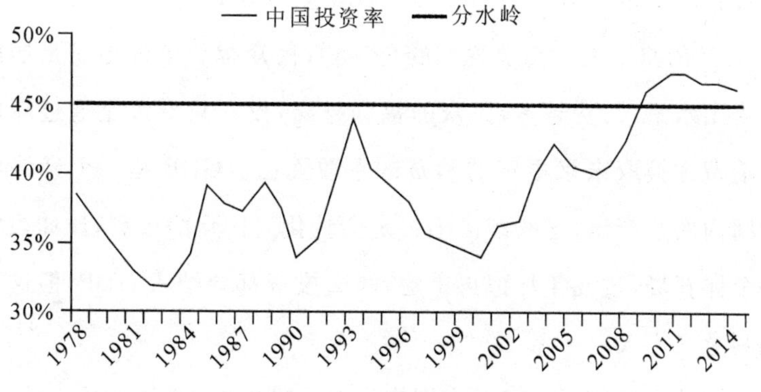

图 3.12　中国投资率

资料来源：Wind 资讯。

对于高投资率，有一种观点认为中国处于发展阶段，投资率高是正常现象，第二次世界大战后的日韩等国均是如此。那我们来看看第二次世界大战后日本和韩国在投资率上的演变。

根据世界银行的数据，1960—2013 年，韩国的投资率大多在 25%～35%波动，其中有 5 年突破了 35%(含)，最高为 37%(1991 年)；另外，1970—2013 年，日本的投资率在 20%～39%波动，其中有 5 年突破了 35%(含)，最高为 39%(1970 年)。再看中国，40%以上的投资率已维持了多年，甚至有 6 年在 45%以上。有研究认为中国的投资率被高估了，但即使减去 5 个百分点，中国的投资率目前仍处于非常高的水平。

中国投资率高企，与之相对的是消费率(尤其是居民消费率)非常低迷。2014 年，居民消费支出占 GDP 的比例仅为 37.7%。不过就像之前说过的那样，中国可能存在投资高估、消费低估的问题。但问题是即使再加上 5 个百分点，中国居民消费支出占 GDP 的比例仍远达不到

50%,而在20世纪80年代,中国居民消费支出占GDP的比例大体维持在50%的水平上。需要说明的是,衡量民众福利的标准正是居民的消费支出水平,消费越多,民众的福利越高,投资只不过是通过降低当前的消费去换取未来更多的消费的手段而已。GDP是一个经济体一定时间内的总产出,这些产出不一定会转化为民众的福利,比如投资修建一个体育场,过几年炸掉再重建,两次投资都会纳入GDP,但这对民众福利意义不大。

这样的事情实际上经常在国内发生。例如2012年6月3日,沈阳绿岛体育中心被爆破拆毁,这座体育中心建于2003年,总投入约为8亿元,曾是亚洲最大的室内体育场,但仅仅不到10年就被拆掉。之前的投入化为乌有,但这些投入在当时创造了GDP,炸体育场是不是也创造了GDP呢?

关于GDP增长和居民消费支出的问题,我们可以做一个简单的计算。假设2015年居民消费支出占GDP的比例为40%,再假设政府采取坚定的改革措施,中国经济结构逐渐转向平衡,居民消费支出占GDP的比例在2020年(5年后)回到20世纪80年代的50%,那么在这5年中,即使GDP增速下滑至年均5%,居民消费支出的年均实际增速也将高达9.8%。而1978—2014年,中国居民消费支出的年均实际同比增速仅为8%。

目前,即使对一个迅速发展的新兴经济体来说,中国的投资率也过高了,而且多项研究表明中国的投资效率并不高。在过去数年,有一种观点认为,中国经济表现出色,GDP年均增长率长期保持在10%的水平上。但笔者认为,在考虑高投资率的情况下,我们对中国经济增长的疑问应该是——为什么中国经济的年均增长率仅为10%?因此,假如我们可以采取正确的政策逐步提升中国的居民消费支出，那么投资下滑和 GDP 增速放缓将不是什么大问题，而且从根本上说，GDP 增长本来就不应该是一个终极目标（这里尚不考虑那些被浪费的、无效的 GDP），居民的消费支出水平或者说民众福利，才应该是经济发展的最终目标。

四个领域的改革

中国未来的改革千头万绪，这里选择利率、汇率、股市和土地财政这四个领域作为范例来谈谈笔者的政策建议，我们先来看看这四个领域目前的状况和存在的问题。

先来看利率。目前政府控制着一些关键的利率，例如存款利率。数据显示，现在央行对存款利率制定了一个相当低的上限——1 年期的定期存款利率在 2016 年年底仅为 1.5%，据笔者所知，这是改革开放以来的最低值。

这种局面造成了两个结果。第一，储户长期处于低利率，甚至负利率下，这压低了包括国债在内的政府相关债券的利率，而且政府手中有大量银行的股份，银行通过低利率获得的利润会回馈给政府。实质上，这是政府在向储户征收隐形税。第二，低利率刺激了投资，导致大量低回报率的项目可以上马，尤其是政府主导的项目，这对私人投资形成了挤出效应①，而私人投资的回报率在整体上是高于政府投资的。

① 挤出效应是指增加政府投资而对私人投资产生的挤占效应，从而导致增加政府投资所增加的国民收入可能因为私人投资减少而被全部或部分地抵消。

从资金的分配上来说,这种局面导致资金流向低效的项目,而高效的项目只好转向成本更高的融资方式,例如信托。这是一种资源错配,降低了经济效率。另外,低利率也推动了债务的快速积累。

再看汇率。1994 年人民币汇改,人民币汇率一次性贬值 50%并盯住美元,此后汇率有小幅上升。在亚洲金融危机中,人民币没有贬值,由于周边很多国家汇率贬值,因此这相当于人民币升值。随着中国出口部门生产效率的提高以及外商直接投资(FDI)的持续流入,人民币开始面临升值压力。假如人民币汇率是由市场决定的,那么这时人民币会明显升值。

2005 年,迫于内外压力,人民币开始升值,但出于保护出口等方面的考虑,中国政府一直控制着升值的节奏,仅让人民币小幅缓慢升值,由此产生了市场对人民币升值的预期。这种预期使得大量外部套利资金流入国内,这推动了通胀和资产价格的上扬,降低了货币政策的效果,积累了过多的外汇储备,迫使央行大幅提升法定存款准备金率,将持有外汇储备的成本转嫁给商业银行等金融机构。当然,银行一方面转手将高企的资金成本转嫁给储户和借款人,另一方面又努力将资产和负债转移到表外的影子银行中以降低合规成本。不过如此一来,中国的影子银行得以高速发展,反倒成了中国倒逼式金融改革中的亮点。

股市是一个老话题。了解中国股市的人都知道,这不是一个自由交易的市场。最典型的是其上市制度,目前公司的首次公开发行(IPO)实行的是核准制,这是另一种形式的审批制,公司能否上市的决定权在政府手中。由于政府控制着发审节奏,仅让很少的一部分公司进行 IPO,而且还经常停止 IPO,这导致了两个后果:一是股价高昂,这对投资者不利;二是公司上市的热情极度高涨,这方面最有代表性的例子就是在美国上市的中国概念股的回归。由于国内的估值高于美国市场的估值，因此一些在美上市的中概股开始在美退市，继而转在国内借壳上市。

最后，我们不能不提土地财政，因为它对中国经济的影响重大，不容忽略。这个体制的背景是中国的土地分为国有土地和集体土地，任何集体土地要进入市场交易，变为住宅等用途的土地，都必须首先变成国有土地。在这个过程中，农民必须将土地卖给地方政府，而在土地出让时，地方政府又是唯一的卖家。换句话说，地方政府垄断了土地的一级市场。地方政府利用这种垄断的地位，采取各种方法从土地中掘金，卖地的收入成了地方政府的重大财源。同时，地方政府还可以用手中的土地为抵押物向银行融资。这就是土地财政。

土地财政给地方政府带来了巨大的收入，地方政府利用这些收入修建基础设施、盖楼堂馆所。从土地财政中我们可以看到，地方政府握有相当大的权力，而权力越大，腐败的空间也越大。

与此同时，对地方政府而言，更多的居民意味着本地需要更多的学校、更多的市政维护等，这些东西的背后是地方财政支出。地方政府取之于居民的收入少，来自土地财政的收入多，居民对地方政府来说更多的是一种负担，而非财富，因此地方政府对提供公共服务以吸引外部居民的迁入自然是兴趣寥寥。

很明显，这些领域的问题降低了经济效率，损害了民众福利。好消息是，对于这些问题的解决方案，经济界和政府已产生了一定的共识——利率和汇率需要进一步市场化，股市应该进行结构改革，土地财政则需要从多方面下手改革。

具体来说，利率是资金的价格，利率的高低决定着资金的分配，高利率会筛除回报率低的投资项目,引导资金流向回报率高的项目,低利率则会允许回报率低的项目上马。无论是在理论上,还是现实中,市场都是配置资金最有效的方式,利率应该由市场来决定。

利率市场化会加大低效投资项目的融资难度,提高其融资成本,从而减少低效项目所占用的资金。与此同时,过去低效项目所占用的资金被解放出来后流入高效益的企业,这降低了高效投资项目的融资难度和融资成本。从这一点来说,利率市场化会有效地改善资金的配置,提高经济效益,同时也会有助于解决中国的债务问题。

汇率市场化会大大增加套利资金获利的成本和不确定性,这会阻挡套利资金的进出,给自主的货币政策创造出空间,而这有利于控制通胀和资产泡沫。笔者认为目前的汇率改革可以两步并为一步走,一方面央行退出外汇市场,或者至少是大幅降低央行在外汇市场中的作用;另一方面放松资本管制,让外汇市场的自由交易来决定汇率的高低。

笔者对股市的政策建议与很多经济学家已经提过的比较类似,即IPO由核准制改为注册制,政府不再控制IPO的数量,转而强调信息披露和规范市场行为。IPO数量的增加会降低股票的价格,使股民在将来获得更高的投资回报。

解决土地财政的问题相对复杂一些。在这方面,笔者认为政府需要同时做两件事:一是废除地方政府对土地市场的垄断,让集体土地自由入市交易;二是尽快开征房产税。前者会大幅减少地方政府的收入,导致其“做事”能力的下降,但会增加农民的财富;后者会使地方政府获得长期且更为稳定的收入。

当地方政府从土地中获得的资金大幅减少后,官员腐败的机会减少了,政府的权力缩小了,资源从政府流入了市场,而且这将使地方政府无法通过操纵土地供给的方式来抬高地价，从而可能会降低房价。房产税意味着地方政府必须提供更多更好的公共服务以吸引外地居民的迁入，因为居民越多，对房屋的需求越大，就会导致房价上升，而房价越高，地方政府从中获得的房产税就越多。这样一来，人就从地方政府希望抛弃的负担转为了渴望追逐的资源，政府也就实现了从看重投资增长到致力于为居民服务的转型。

中国经济存在诸多结构性的问题，以上四个问题只是其中比较有代表性的例子。需要看到的是，这四个问题的解决方法都带有短期紧缩的特点——利率市场化在短期内会减少投资；汇率市场化可能会导致资金外流；股市改为注册制后估值或会下降，一部分企业融资的成本会上升；土地财政的改革会减少财政收入和政府投资，还很有可能引发房价下跌。在经济下行的时候，紧缩的政策往往不得人心，即使中国经济未来可以从中获益无穷。

改革的方向

上文我们谈了四个结构性的问题及其可能的改革方案，假如我们进一步观察，那就会发现这些政策在实质上都带有缩小政府权力、扩大市场作用的色彩。笔者认为，政府和市场的关系是决定一国经济运行模式的关键，而对其中不同组合的选择也代表了该国经济的发展方向。

其实，无论是民众，还是决策者，大家都认为中国经济需要进一步的改革，但改革的方向是什么呢？关于这一点，决策者实际上已经点明。在2013年11月15日公布的《中共中央关于全面深化改革若干重大问题的决定》中有这么一句话："经济体制改革是全面深化改革的重点,核心问题是处理好政府和市场的关系,使市场在资源配置中起决定性作用和更好发挥政府作用。”

实际上,无论是历史上,还是现实中,在政府和市场的关系上,一直都存在两种模式,一是有效的小政府加有效的大市场,一是有效的大政府加有效的小市场。这两种模式各有优劣,在不同的历史时期有不同的表现,但有一点是肯定的,有效的政府和有效的市场虽然在效率上相辅相成,但在规模上却很难做到相得益彰。这也就是说,出现有效的大政府加有效的大市场应该是小概率事件。

那么具体来说,中国下一步的改革方向是什么呢?笔者认为,应该是有效的小政府加有效的大市场模式。这不但为历史所证明,例如英美先后成为世界上最富强的国家,也为中国改革开放的历史所证明。在改革开放前,中国是一个典型的大政府、小市场国家,买粮需要粮票,买布需要布票,外出需要介绍信,甚至在一段时间内,农民连如何种田、种什么作物都需要听命令行事。由于管得太多、统得太死,当时的中国经济缺乏活力,民众的生活水平低下。

改革开放后,政府逐渐放权让利,放松了对市场的控制,农村实行了包产到户,结果粮食丰收,城市出现了私营企业,促进了经济增长,也促进了就业。政府的放权激发了市场活力,中国的经济增长开始进入快车道,人民生活水平在短时间内出现了大幅上升,成就举世瞩目。

值得欣喜的是,决策者也认识到,进一步发挥市场的作用,激发市场的活力,将是中国改革的方向,这一点也写入了《中共中央关于全面深化改革若干重大问题的决定》——“必须积极稳妥从广度和深度上推进市场化改革,大幅度减少政府对资源的直接配置,推动资源配置依据市场规则、市场价格、市场竞争实现效益最大化和效率最优化”。

改革闯关

既然改革的方向已经明确，下一步就是怎么做的问题。在笔者看来，目前的中国经济已走到了一个关口，闯关是不可避免的，就像20世纪80年代的价格闯关那样。

闯关有经济和政治风险，但却无法回避。要闯关成功，中国政府需要具备两个条件：一是顶层设计，到底要改什么、怎么改，要明确下来，公示社会，寻求共识，尽量降低社会成本；二是要有破釜沉舟的政治勇气，要勇于担当。就像上文所述，很多改革的政策对短期的经济增长和就业有负面影响，但我们不能因为有这些困难就逃避改革。相反，我们应该寻求以最优路径去实现目标，同时在核心问题上应坚持原则。

不过，笔者认为现在闯关有一个非常有利的条件，就是既得利益集团的实力在最近被大幅削弱，这得益于党中央的反腐。在历史上，很多改革方案都非常好，但在执行过程中遇到了巨大困难，最终功败垂成，这其中最常见的一个原因就是既得利益集团的反对。由于改革必然会损害既得利益集团的利益，因此能否团结一切可团结的力量，克服这种阻力，就成了决定改革成败的重要因素。党的十八大以后，党中央推行了长时间、大力度的反腐斗争，大量腐败官员的落马不但遏制了腐败的蔓延，还削弱了相关利益集团的实力。这种情况无疑是非常有利于改革的。

进一步说，中国目前处于一个发展的关键时刻。笔者谈的不是经济增速下滑，也不是汇率、利率的改革，更不是跨过中等收入陷阱，笔者说的是中国要抓住目前的有利时机，建立一个适合经济长期、可持续发展的现代国家。

据图 3.13,在工业革命前,中国的人均 GDP 与全球平均水平差别并不大,但在此之后,全球平均水平一路上扬,中国与全球平均水平的差距越拉越大。改革开放后,中国经济以远高于世界平均水平的速度增长,到 2010 年,中国的人均 GDP 超过了全球平均水平,实现了历史性的转变。由于 2010 年后中国的 GDP 增速仍是远高于世界平均水平的,因此中国的人均 GDP 正在越来越领先于全球平均水平。

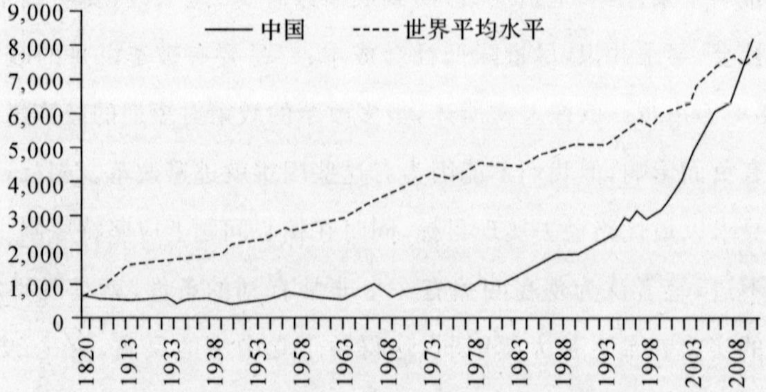

图 3.13　中国人均 GDP 与全球平均水平

单位:美元,1990 年不变值。

资料来源:1820—2008 年数据取自 *Historical Statistics of the World Economy*:1－2008 *AD*,Angus Maddison;2009—2010 年数据取自 *Maddison Project Database*,Bolt and Van Zanden。

多年来,中国政府占据了很多本该由市场发挥作用的领域,经济学家吴敬琏将这种局面称为“看得见的脚踩住了看不见的手”,中国的改革闯关就是要管住这只“闲不住的脚”,将权力关入透明的制度之笼,建立一个有限、有效的政府。只有这样,中国经济才能跨过中等收入陷阱，迈入发达国家的行列。

从宏观大历史的角度来说，我们需要在前人的基础上更进一步，通过改革闯关来为民众福利的增长塑造一个良好的制度环境，实现中国经济前所未有的发展，为后人留下一笔宝贵的财富。这是我们的历史责任，也是对历史的交代。

| 第四章 |

中国企业的困境与出路

改变企业的做大情结

企业经营的目标是什么？

了解西方经济学的人，甚至是只知皮毛的人，都会告诉你——为股东获取利润、创造价值。这句话大体上是正确的，但在国内外的企业界，管理层或许还有一个目标，就是扩大企业的规模，增加销售额，增大总资产。有时候这个目标的重要性甚至超过了获取利润，为什么会是这样呢？在西方，职业经理人的“做大”情结在公司治理的文献里被形象地称为“独立王国开疆扩域”。这种“做大”的动机通常是为了满足自己对资源的控制欲，提高自己的社会影响力和知名度，而股东却要为其行为买单。实证研究表明，这种行为既侵占了股东的利益，也降低了企业的竞争力。但这种西方经典的公司治理病不是本文要讨论的，笔者想谈谈中国式的“做大”情结。

国企的做大情结

国有企业为什么要做大？笔者认为国企希望做大的原因有以下几个方面。

第一，国企是党和政府掌握的企业，其管理层拥有和政府官员相对应的行政级别。当企业做大规模的时候，其管理层的政治地位也会上升,这有利于管理层的升迁。

第二,无论是党中央,还是国务院,做大国企一直是其始终不变的目标。1999 年 9 月,党的十五届四中全会通过的《中共中央关于国企改革和发展若干重大问题的决定》中提出,要“积极发展大型企业和企业集团”;党的十六大更加明确地提出,要加快“发展具有国际竞争力的大公司、大企业集团”。因此,从贯彻中央指示的角度来看,国企做大本身就是一个重要的政治任务。

第三,做大国企也是获得政府援助的一种方法。中国的地方政府官员有一个一票否决权的标准,即不能发生群体性事件。当本地的一个国企,尤其是规模较大的国企,遇到经营困难时,地方政府一般都会施以援手。这样做的原因在于,假如不救援这个企业,企业员工走上街头抗议或去上级政府上访,那么本地官员的命运就会面临巨大的风险。因此,不论这些官员是否愿意,他们都不能对一个大国企的倒闭视若无睹。

第四,中央政府在考核地方官员的业绩时,一个很重要的标准就是当地的经济发展状况如何。说得更通俗一点,就是 GDP 增速如何。加大投资是提高 GDP 增速的有效手段,因此各地政府都热衷于招商引资。它们不但要找来新的企业,也需要本地原有的企业迅速做大规模。

第五,为了维护本地企业的利益,地方政府还对外地企业采取了广泛的保护主义政策。例如根据媒体报道,在新能源汽车方面,福建漳州制定了向本地企业倾斜的政策,明文规定“优先采购本地新能源汽车产品”。另外,有的企业为了获得地方政府新能源公交车、出租车等公共机构的采购订单,还需在当地设立组装厂。以比亚迪为例,除深圳总部外,已分别在北京、上海、西安、惠州、韶关、杭州、宁波、长沙、大连、南京、梧州和青岛等城市设立了生产基地。

由于地方政府在企业的微观运行中所陷太深，因此每当大企业遇到困境时，地方政府无论是否愿意，都对此很难袖手旁观。对企业来说，这就是大而不倒的保险，但由于地方政府不断通过贷款和财政向这些低效企业输血，因此这产生了两个非常严重的后果，即产能过剩和债务增长。关于这两点很好理解，在地方政府的扶持下，僵尸企业不死，继续生产，供给无法下降，需求又没有明显上升，产能自然会过剩。产能过剩的企业是低效益的企业，指望这些企业赚钱还债是很难的，因此债务像滚雪球一样增大，直至最后爆发危机为止。

民企的做大情结

国企做大的有些原因在民企身上也可以找到，比如成为大而不倒的企业可以在危机时获得政府的援救，还有比如规模经济可以降低成本、企业家的野心；等等。但笔者无意讨论这些因素对民企做大情结的影响，笔者希望从政治经济学的角度去细探一下民企的做大情结。

笔者认为，民企的做大情结是中国政治经济制度在政企关系上的一种具体反映。民企和政府（主要是地方政府）实际上都是理性人，在这个环境中做出了理性的决策，希望获得最大的利益。从这点来说，民企最大的目标仍然是利润，只不过中国的民企在赚取利润的时候采取了一些较为独特的手段。

民企做大的原因主要有以下几点。

第一，和国企一样，为了在企业遇到危机时，凭借企业的规模去获取政府的支援。当一个企业规模够大、雇用的人够多时，无论它是国企还是民企,都会对当地的经济和民众生活产生很大的影响。当企业遭遇危机时,裁员往往是企业顺理成章的选择,但大量的人失业后如果在短期内无法找到工作,那他们可能会成为社会的不安定因素。为了杜绝群体性事件的发生,维护社会稳定,地方官员一般都会使出浑身解数以消灭这种可能性。在这个问题上,企业的所有制没有那么重要,关键的因素是规模。因为这代表着就业以及背后的安定团结问题,不论这些官员是否愿意,他们都不能忽视一个大民企的倒闭。当然,假如是一个规模较小的民企,地方官员救助这个企业的积极性自然也会较低。

既然存在这样的情况,因此从民企的角度来说,做大就成了一个隐形的保险。地方政府平息群体性事件的心态意味着当民企的规模足够大时,这个企业在当地就成了一个大而不倒的企业。由于存在这样的情况,对民企来说,做大规模就成了一个理性的选择。

第二,和之前提到的内容一样,为了 GDP 增速,地方政府会采取一切措施来推动经济发展。这方面一个很有趣的例子就是深圳市对本地大企业的支持。2006 年年底,深圳市颁布了《深圳市民营领军骨干企业认定暂行办法》。什么样的企业是民营领军骨干企业呢?深圳市提出了一系列的标准,规模是很重要的一项,例如"民营领军骨干企业认定名额限定为 100 家……年销售额达 100 亿元以上的超大型民企,作为民营领军骨干标杆企业,纳入民营领军骨干企业体系,但不占用民营领军骨干企业既定 100 家名额"。

为了扶持这些企业,深圳市政府实行了一系列的政策,其中最引人瞩目的是深圳市在信贷方面对这些企业的帮助。为了给这些企业增信,深圳市拿出了 10 亿元真金白银,而且动员多家银行为这些企业提供贷款。

深圳市的做法对缓解民营企业融资难问题能起到一定作用，有值得点赞之处。然而，这种做法其实是一种“挑选胜利者”的行为，它有违市场经济公平竞争的原则，会鼓励企业家在规模和效率之间更倾向于选择规模，从长远看有不利于经济发展的隐患。不过从这个例子可以看出，深圳市对发展本地经济有着巨大的热情。

铁本案例

在中国，很难找到一个比铁本更合适描述政企关系的案例了。

根据财经作家吴晓波的叙述，1996 年，铁本的创始人戴国芳注册成立了江苏铁本铸钢有限公司，注册资本 200 万元。“铁本”之意，以铁起家，不离本业。到 2000 年前后，铁本的厂区面积扩大到了 18 公顷，拥有 1000 多名工人，销售收入超过了 1 亿元。

然而，戴国芳认为铁本的规模太小了，技术水平也很低，因此决定倾家荡产也要上高炉。3 年后，高炉建成，铁本全年钢产量达 100 万吨，销售收入超 25 亿元。

就在高炉项目的建设过程中，戴国芳的心里升腾起了一个更大的梦想。2001 年之后，伴随着经济的回暖，各种原材料开始全面紧缺，钢铁成了最紧俏的物资之一，这种状况导致了钢铁价格的大涨。戴国芳认为钢铁热起码还可以持续 5～6 年，因此他决定扩产。

戴国芳把新工厂的地址选在了长江边一条狭长的沿岸地带，铁本的扩产计划得到了常州市政府的积极支持。当时常州的中小企业非常发达，但和苏州与无锡相比，常州缺乏大企业。2001 年前后，常州的社会固定资产投资增长率一直位列江苏之首，可是 GDP 在全省 13 个省辖市中只排名第6,“饥渴”的常州需要一个超大规模的投资来填补这段让当政者难堪的差距。

此时的铁本已经是常州市的一个大企业,上缴利税排名全市第2,戴国芳的设想一提出来,当即获得了市政府的响应。谁都知道,钢铁是一个大投入、大产出的产业,铁本的梦想一下子变成了常州市政府的梦想。

在常州市政府的推动下,仅仅半年的时间,这个规划的产能目标就成了840万吨,占地规模从2000亩攀升到9379亩,工程概算为天文数字般的106亿元。那时候铁本的固定资产为12亿元,净资产为6.7亿元。以这样的资本规模要启动一个超百亿元的项目,无疑有点拼死一搏的色彩。

也正是确认了政府支持的信息后,当地银行对铁本大胆放贷,于是铁本一下子获得了43.99亿元的银行授信。

一家民企要启动一个投资上百亿元、占地近万亩的钢铁项目,是很难得到中央有关部门批准的。中国的钢铁行业是一个有准入门槛的半垄断性行业,按有关规定,投资额在3000万美元以上的项目就必须报国家发改委审批,铁本项目如果照实上报,不但审批流程旷日持久,而且获准的机会十分渺茫。

于是,常州市政府来了一个曲线救国。铁本的840万吨项目被拆分成7个子项目和1个码头项目分别上报;在建设用地的权证审批上,用地被化整为零,切分成14块土地报批申请。项目所在的常州高新区经济发展局在一天内,就火速批准了所有的基建项目。

2002年,全国钢铁行业的投资总额为710亿元,比上年增长45.9%。2003年,这个数字达到了1329亿元,投资同比增长96%。与钢铁行业类似的是，电解铝的投资增长了 92.9%，水泥投资增长了 121.9%。宏观投资过热，渐成决策层的共识。

2003 年年底，宏观调控的大闸终于拉下。根据《国务院办公厅关于江苏铁本钢铁有限公司违法违规建设钢铁项目调查处理情况的通报》，铁本的扩产项目存在一系列违规，其中有虚假注册合资（独资）公司的问题，有违规审批项目的问题，有非法批准征用、占用土地的问题，有违反环境保护的问题，还有偷漏税和违规贷款的问题。结果，包括常州市市长、江苏省发改委副主任和江苏省国土资源厅副厅长在内的一批官员受到了包括撤职在内的一系列处罚。铁本项目停建，戴国芳则锒铛入狱。

无论是当时还是事后，铁本事件都被看作一个“撞到宏观调控枪口”下的不幸者，同情戴国芳的人比比皆是。

然而，笔者想说的是，我们从这件事中，可以清晰地看到中国的政企互动。一开始是两个不同的想法，企业家想的是扩产，政府则需要上大项目。当双方了解了对方的想法后，两者一拍即合。在政府的支持下，扩产的规模一升再升。在中国，地方政府手中掌握的资源主要是三个，分别是项目的部分审批权、银行贷款和土地。在地方政府手中的审批问题上，铁本是一路绿灯。当遇到中央政府的项目审批时，地方政府想尽办法让本来很难通过审批的铁本扩产项目跨过了这道坎。

在银行贷款上，地方政府的大力支持实际上给予了铁本一个事实上的担保，这降低了银行对风险的担忧，使铁本顺利拿到了巨额的资金。

在土地问题上，地方政府在铁本公司未依法办理用地审批手续的情况下，即决定实施土地的征用和拆迁工作，导致铁本公司大面积违法用地,造成大量耕地被毁。

在铁本事件中,为了鼓励本地企业的做大,地方政府不但拿出大量资源支持戴国芳,还帮助其绕过了上级政府的审批。对于戴国芳来说,只要专心做好企业就行了。假如铁本的扩产项目没有被强行停建,那么这将成为政府支持企业的一个绝佳例子。

民企跟政府走得近,是为了获得尽可能多的资源;政府跟民企走得近,则是为了让企业去实现自己的政治目标。两者的目标有时候是一致的,比如戴国芳和常州市政府,这时候双方容易达成双赢。但有时候双方的利益会不一致,比如政府为了 GDP 增速,希望民企尽快扩大生产规模,但民营企业家希望企业走得稳一点,以效益为目标。这时候双方的关系就存在恶化的可能。当两者交恶后,政府有很多办法去惩治民企,但民企反击的手段却比较有限。从根本上说,民企的生存和发展离不开政府,但和政府走得太近也有危险,因为在政企博弈中,民企始终处于弱势地位,政府由于其垄断了国家权力而处于优势地位。

大而不倒?

在西方国家,大而不倒的对象主要是一些规模巨大、处于核心地位的金融机构。但通过上文的描述,你可以看到,中国享有大而不倒待遇的企业远远不止金融机构。

2016 年山西发生的一件事情形象生动地表明了这种情况。根据媒体报道,2016 年 7 月 13 日,山西省副省长王一新领着一众企业家来到北京开了一个山西煤炭产业发展主题推介会。王一新在论坛上表示,“政府为企业站台,也是政府应尽的责任和义务”。

在会上，王一新开宗明义，表明了此次推介会的目的——煤炭不仅现在，而且在未来相当长的一段时期内，都将是山西省重要的支柱产业。因此在山西煤炭企业遇到债务和融资问题时，省政府希望通过此次会议给山西煤企撑起一个场面，使这些企业可以与金融机构建立良好的关系。

此次山西省政府站台推介9家煤炭企业，有7家是省属国企，即焦煤集团、同煤集团、阳煤集团、潞安集团、晋煤集团、晋能集团和山煤集团，另外还有2家民营煤企，即永泰能源和美锦能源。

上述7家国有煤企体量大、负债高，它们的资产负债率均在75%以上。截至2015年年底，7家省属国有煤炭企业的负债总额接近1.2万亿元，占当年山西省GDP总额的92.6%。

煤炭企业的盈利能力十分堪忧。在9家路演的山西煤企中，规模最大的为山西焦煤集团，位列2015年世界500强第264位。其董事长武华太在会上介绍2015年该集团实现销售收入1956亿元，资产总额2633亿元，当年利润1.44亿元。如此大规模的资产和销售额，销售利润率仅为0.07%。

即便企业经营并不乐观，这些山西煤企大都选择在未来的3～5年继续投资建设诸如煤化工、煤电一体化等新项目，有的企业规划的投资规模接近千亿元。

问题是，钱从哪里来？靠企业自身的资金明摆着不靠谱，那么金融机构会愿意放贷给它们吗？王一新表示，目前金融界对煤炭产业有两种态度。第一种，看不清煤炭，就远离煤炭，对煤企抽贷、压贷，减小信贷规模，上收权限，煤炭企业发债一概不买。第二种，照顾到国家支持实体经济的政策以及地方政府的面子和与煤企过去的交情，不压缩贷款,但是也不新增,继续保持存量规模不变。对于这两种态度,无论是山西煤企,还是山西省政府,都是不满意的。

除了在产业上东山再起的考虑外,山西国有煤炭企业巨大的人力包袱也是省政府和企业需要考虑的一个重要问题。2014 年,同煤集团、焦煤集团、阳煤集团、潞安集团和晋煤集团职工总数接近 75 万人,占到山西省人口总数的 2%。哪怕这些人中的一部分出现下岗和闹事,那么稳定压倒一切的目标还能实现吗?

很明显,无论从经济上,还是从政治上,山西省政府都觉得自己对这些企业的经营状况责无旁贷。

路在何方?

对地方政府来说,大中型企业都有大而不倒的色彩,因为这会影响到本地的经济和就业,所以地方政府必须在这些大中型企业遭遇危机时伸出援手。但这样一来,政策会严重扭曲经济的运行,使产能过剩和债务问题进一步恶化,最终使一个局部的经济问题演变为整体的经济问题。

到了今天,早期的改革红利正在日益枯竭,我们需要进一步去进行制度改革以推动经济和社会的发展。为了实现这一目标,笔者有两个建议。

第一,打破地方政府对土地的垄断,尽早开征房产税。打破地方政府对土地的垄断是为了降低居民的居住成本和企业的运营、仓储、物流等成本,开征房产税则是为了将地方政府的运作目标从经济建设改为提供公共服务。

第二，进一步打通要素市场，让各种要素更通畅地在全国范围内流动起来。比如目前许多城市保留的户口制度，既不利于劳动者的流动，也不利于经济效率的提高。

说一千道一万，无论是国企还是民企，其做大情结都是事出有因的。这样的状况对中国经济有正面的意义，也有负面的影响。时至今日，我们应该创造条件，继续改革，让国企和民企在同一条起跑线上竞争，让政府的目标逐渐转向提供公共服务。只有这样，中国企业才会逐渐戒除做大的心瘾，慢慢将目标转化为效率和竞争力，把做强放在首位。而当中国企业实现这样的转变时，中国经济的转型也就成功大半了。

公司控制权市场与维护股东利益之辩

2016年对中国房地产公司的龙头老大——万科公司来说,注定是不平凡的一年。根据2016年11月9日的新闻报道,中国恒大持有万科股权的比例已达约8.285%;10月28日,恒大的持股比例为7%;8月中旬,这一比例为6.82%。

在恒大大量买入之前,万科高管层与宝能系[①]的斗争已经超过了1年时间。2015年7月,宝能系开始吃进A股老牌上市公司万科的股票。截至2016年7月6日,宝能系的持股已达25%,晋升为第一大股东,但以万科董事长王石为核心的管理层多次发言表示拒绝宝能系的参股。

本来是宝能系与万科高管层之间的"肉搏",随着恒大的加入,变成了"三国演义",假如再算上原有的安邦和华润,那么就更显复杂了。除了曲折的故事之外,这实际上反映了一些深刻的经济规律,笔者希望就这些问题和各位读者分享一下自己的观点。

先说一句,笔者是经济学教授,虽然经常接触中国的企业家,但与王石、万科和恒大没有任何关联,在此之前对宝能系更是闻所未闻。因此笔者的观点虽然可能有错误、有偏颇,但在立场上没有问题,只代表笔者的个人看法。

---

① 宝能系为以旗下的前海人寿保险股份有限公司和深圳市钜盛华股份有限公司为主体的投资集团。

什么是公司控制权市场?

我们首先来看什么是公司的控制权。在现代市场经济中,一个公司无论是否上市,其控制权的归属都是一个无法回避的大问题。不同的经济学家曾经从不同的理论角度去阐释过公司控制权的含义,这里笔者不再赘述。为了方便读者理解,笔者暂且将其定义为对公司经营行为的决定权,这里面包括战略、运营、人事和财务等领域的权力。

在谈及公司控制权的时候,有一个问题很重要,就是同股是否同权。这个问题听起来不容易让人理解,但讲起来并不复杂。设想一个公司 A,在上市的时候股权被切分为 100 股,公司重大问题的最终决定权握在股东大会手中,那么在这个大会上,是一股一票,还是股票数与投票权相分离?具体来说,假如一股一票,那么任何一个股东大会的决议案,当握有 51 股的股东支持或反对时,他的决定就会左右这个决议案是否通过,这就叫同股同权。但假如不是一股一票,而是将股权分割成两个不同种类的股票——X 股和 Y 股,其中 X 股只有 10 股,可拿到红利的 10%,但其占投票权的 90%,而 Y 股虽然有 90 股,可拿到红利的 90%,但其只占投票权的 10%。每一股 X 股和每一股 Y 股,虽然有同样的分红权,但却有不同的投票权,这就叫作同股不同权。

这方面的实际例子很多,比如在美国股票市场上市的京东集团。根据其递交给美国证监会的文件显示,截至 2016 年 2 月 29 日,集团 CEO 刘强东所持股份在总股份中的比例为 16.2%,但投票权占比却高达 80.9%。换句话说,京东集团是一家同股不同权的公司,刘强东作为京东的创始人,虽然只持有 16.2%的分红权,但在京东的控制权上他却独占鳌头。

又如香港证券交易所奉行的是同股同权,但阿里巴巴的公司制度是同股不同权,因此阿里巴巴最终与港交所失之交臂,前往美国上市。在这个问题上,A股和港股一样,奉行的都是同股同权。

由于A股实行的同股同权的政策,因此我们在表面上看到的是对万科股票的争夺,但实际上各方争夺的不是万科的股票,而是对万科这家公司的控制权。当我们每一次看到哪一方又增持了股票,或者半路杀出个程咬金,大家都会非常紧张,这是因为股票的背后代表的是同等的权利,这种权利最后会按照少数服从多数的原则去获取公司的控制权。假如像京东那样,除非刘强东自己改变主意,否则你就是把外面的股票都买光,也不可能对京东的经营有什么发言权。

因为股票在二级市场上交易,当大股东持股比例发生较大变动时,公司的控制权就可能易手。所以,公司的控制权实际上也构成了一个市场。

公司控制权市场这一概念是由美国经济学家亨利·曼尼(Henry Manne)在1965年首次提出的。曼尼认为公司控制权市场在股票市场中扮演着促进企业收购行为的角色。公司股价越低,提升管理效率的空间就越大,对于那些认为自己可以提高公司运营效率的人来说,收购这种公司的吸引力就越大。成功的收购和接下来对低效公司的有力改革可能给收购方带来巨大的回报。

换句话说,股价反映了公司的基本面。一般而言,股价低的公司运营效率也低,对外部势力来说,这种公司往往具有较大的吸引力(有时候也有反例,例如万科就是一家效益不错但股价低迷的公司),因为获得这种公司的控制权所需的成本较低,而且提升效率的空间较大。优秀公司的股价一般较高，而且提升效率的空间有限，不利于收购方。对收购方而言，假如可以通过公司控制权市场夺取对效率低下公司的控制权，然后进行有助于提升效率的改革，提高公司价值，那么收购方就可能从中获得巨大的回报。

在公司控制权市场上，股东、公司高管和外部投资者等各色参与者为了使自己的利益最大化，会在一定规则下进行博弈。有的人会失去对公司的控制，有的人会获得或者维持对公司的控制。公司的所有权就像普通商品一样在市场上流通，而这种流通也为外部资本提供了一条影响公司治理的通道。

公司控制权市场的正面作用

争夺控制权市场从表面上看是各方对公司具体经营权的争夺，但在一定的规则下，控制权市场对改善公司治理水平的正面作用非常大。我们经常看到一些市场中的产品或服务存在价高质次的问题，而且有趣的是，这些市场往往是一些垄断或行业准入门槛较高的市场。当垄断和管制结束的时候，竞争者增多，该行业产品或服务的价格会立即下降，而质量却大幅上升。这样的例子很多，比如在中国的改革开放中，几乎每开放一个行业，就会发生一次这样的事情，控制权市场也存在类似的现象。

试想，你是一个公司的小股东，该公司的股权非常分散，你人微言轻，高管层在事实上控制了公司，这时候你怎么办？你可以选择“用手投票”和“用脚投票”，前者就是用投票的方式更换管理层，后者就是卖掉手中的股票。这都是改善公司治理的方法，但还有一个有效的方法，就是外部资本为逐利而参与争夺公司的控制权。

当高管层忽视股东利益、股价未体现出公司价值时,外界就会出现"寻腥"而至的并购势力。这些势力有的是谋求短期的利益,有的是谋求长期的利益,但无论如何,它们都需要去争取现有股东的支持。说句玩笑话,两个魔鬼好过一个天使。寄希望于一个好的、善良的、负责的高管层,不如准许一个并购方,甚至多个并购方,通过在二级市场上举牌,去争夺公司的控制权。这样,竞争控制权的各方为了最大化自己的利益,都会去讨好股东。这样一来,股东的利益不就变大了吗?

万科的高管层经常把股东利益挂在嘴边,但假如万科的高管层对股东(尤其是中小股东)一直都很好,一直都在维护他们的利益,他们怎么可能不维护万科高管层的利益呢?万科的股价长期低迷,何来维护股东利益呢?倒是并购战开始后,万科的股价出现了大涨。公开数据显示,从2015年7月底到2016年10月末,万科的收盘价从14.18元涨到了24.92元,涨幅约76%,而在此之前的数年间,万科的股价长期在10元左右徘徊。

这里笔者先戳一下万科的一个软肋,就是它的事业合伙人计划。公开资料显示,万科于2014年4月23日召开事业合伙人创始大会,共1320名万科员工(包含在万科任职的全部8名董事、监事和高级管理人员)加入该事业合伙人计划,并同时签署《授权委托与承诺书》,将其在经营利润所产生的全部权益委托给名为盈安合伙(深圳盈安财务顾问企业的简称)的一般合伙人进行投资管理,包括引入融资杠杆进行投资等。

万科高管对此的解释是要将管理层和公司的利益捆绑在一起,激励管理层的进取心。笔者认为建立这个计划的初衷是好的,但万科的做法存在两个问题。第一，该计划的受益者是公司内部人，尤其是高管，而高管同时也是接触公司内幕消息最多的人，这中间有防火墙吗？进一步说，万科设置的防火墙到底能起到多大的作用？我们有疑问。第二，高管是公司的实际控制人，他们有没有可能利用手中的职权去为这个事业合伙人计划牟利？比如说打压股价，让盈安合伙以较低的成本买入万科的股票。

根据媒体报道，从 2014 年 5 月份到 2015 年 1 月份，盈安合伙利用融资杠杆资金 11 次增持万科 A 股，累计耗资 48.77 亿元购得 4.94 亿万科 A 股，占比 4.48%，购股成本价均在 10 元左右。根据 2016 年 11 月 9 日万科收盘价 26.3 元计算，盈安合伙账面盈利约为 31.72 亿元。

也许万科高管的想法是善意的，希望鼓励大家多劳多得，安心在公司长期发展，但从效果上说，股价越低，盈安合伙的购入成本就越低。但凡事都有两面性，万科的股价低迷，这对盈安合伙是利好，但对外部的收购者来说也是利好，原因相同，也可以降低其买入成本。

实际上，万科的数据显示，收购这家公司对外部势力的吸引力非常大。根据 Wind 资讯的数据，截至 2016 年 9 月 30 日，万科的所有者权益为 1435.34 亿元。这意味着买入万科 25%的股份仅需约 359 亿元、30%的股份仅需约 431 亿元。由于中小股东出席股东大会的比例一直偏低，因此 25%的股份占比将意味着在公司决策中享有重大的话语权。

从企业经营的角度来看，万科是一家优质的上市公司，例如近几年归属母公司的净利润同比增速，万科只有 2008 年和 2009 年是低于全行业水平的，其余均为高于全行业水平(图 4.1)。

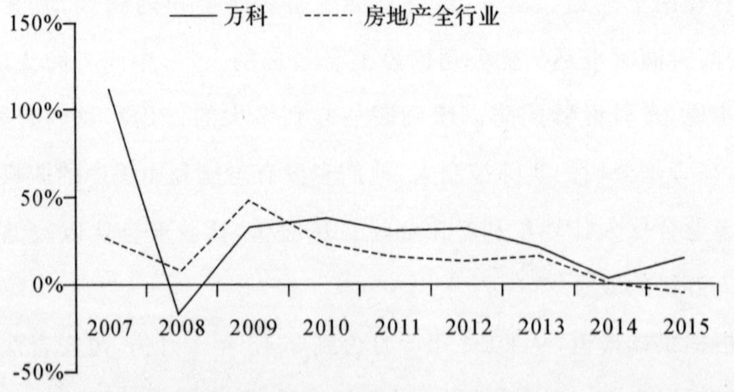

图 4.1　万科归属母公司的净利润同比增速与房地产全行业水平比较

资料来源:Wind 资讯。

又如净资产收益率,万科更是长期高于全行业平均水平(图 4.2)。

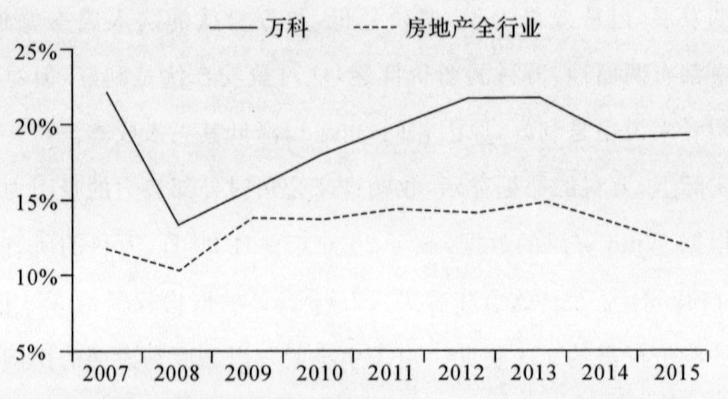

图 4.2　万科净资产收益率与房地产全行业水平比较

资料来源:Wind 资讯。

但万科的估值却明显低于全行业平均水平(图 4.3,市盈率越高,估值越高),也就是说,万科的股价没有体现其内在的价值。

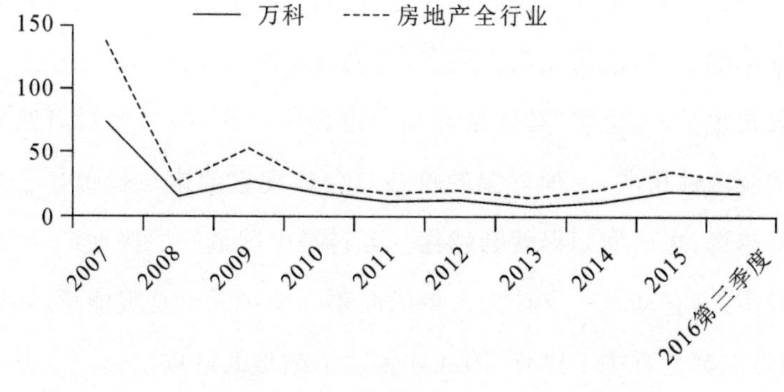

图 4.3 万科市盈率与房地产全行业水平比较

资料来源:Wind 资讯。

正因为万科是一个低价的“香饽饽”,因此引来了各路“野蛮人”,都想分一杯羹。对万科的高管层来说,宝能系已经搞得天下大乱,而恒大似乎也来者不善。之前王石宣称宝能系是恶意收购,虽然王石日后说恶意收购是一个中性词语,但在日常语言中,其贬义色彩毋庸置疑。实际上,在资本市场中,恶意收购的确是一个中性词语。恶意收购是相对于善意收购而言的,善意收购就是和管理层的团队、董事会协商好,双方你情我愿;恶意收购就是不跟你商量,你什么意见我根本不在乎,我就要控制你。

笔者认为王石这里缺了几句话,那就是恶意收购为什么行得通?恶意收购行得通的基本条件就是得到了股东的支持。试想一下,一家公司被高管层所控制,公司价值低估,股价低迷,这时候外部势力想夺取公司的控制权,重组高管层,赶走不称职的人,提高公司价值,你觉得这时候搞善意收购可行吗?在这样的情况下,外部势力只有一个选择,就是直接争取股东的支持,从而获得对公司的控制权。要想争取股东的支持,怎么办?那就要给股东好处,比如以高于现有股价的价格收购股东手中的股票,然后成为大股东,再来改组高管层。

公司也罢,人也罢,其价格都是在市场中发现的,只要没有某种长时间的制度性扭曲,一种资源的价格总会体现它的内在价值。它之前偏离得越远,之后回归得就会越猛。万科是中国最好的房地产开发商,但在股市上,它却是一支让人失望的股票。现在无论是宝能系,还是恒大,很可能都是看中了这点,因此才发动了激烈的进攻。

笔者要强调的是,资本市场是讲法治的地方。要想阻止外部的收购,无论是大股东,还是高管层,一个可行的办法就是做好公司的业绩,照顾好股东,尤其是中小股东的利益,让股价反映公司的价值。而对于外部势力来说,未被低估的股价提高了其收购的成本,企业遭恶意收购的概率也会下降。

万科的故事现在还在进行中,而且从目前的局势来看,未来的不确定性似乎越来越大,最后到底鹿死谁手尚未可知。但无论是谁最后赢得万科的控制权,大家都应该从中汲取经验和教训,公司的控制人不能长期忽视股东的利益,不然即使内部没人造反,外部的威胁也会不约而至。从制度上说,假如我们有一个非常发达的公司控制权市场,那么保护投资者才能落到实处。笔者希望万科控制权之战仅仅是一个开始,而远非一个终结。

图书在版编目（CIP）数据

中国经济新征程：结构改革与长期增长潜力 / 李伟著. —杭州：浙江大学出版社，2018. 1
ISBN 978-7-308-17506-7

Ⅰ. ①中… Ⅱ. ①李… Ⅲ. ①中国经济—经济结构—经济改革—研究 ②中国经济—经济增长—研究 Ⅳ. ①F12

中国版本图书馆 CIP 数据核字(2017)第 246904 号

中国经济新征程：结构改革与长期增长潜力
李 伟 著

责任编辑 曲 静
责任校对 杨利军 孙 鹏
出版发行 浙江大学出版社
(杭州市天目山路 148 号 邮政编码 310007)
(网址：http://www.zjupress.com)
排 版 杭州中大图文设计有限公司
印 刷 杭州钱江彩色印务有限公司
开 本 710mm×960mm 1/16
印 张 13.5
字 数 169 千
版 印 次 2018 年 1 月第 1 版 2018 年 1 月第 1 次印刷
书 号 ISBN 978-7-308-17506-7
定 价 48.00 元

浙江大学出版社发行中心联系方式 (0571)88925591;http://zjdxcbs.tmall.com